巴菲特投资课

投资课
INVESTMENT CLASS

鲁 智◎著

BUFFETT

成都时代出版社
CHENGDU TIMES PRESS

图书在版编目(CIP)数据

巴菲特投资课 / 鲁智著. -- 成都：成都时代出版
社,2014.7
ISBN 978-7-5464-1166-8

Ⅰ.①巴… Ⅱ.①鲁… Ⅲ.①巴菲特,W.–投资–经
验 Ⅳ.①F837.124.8

中国版本图书馆 CIP 数据核字(2014)第 115092 号

巴菲特投资课
BAFEITE TOUZIKE
鲁智 著

出 品 人　石碧川
责任编辑　李　林
责任校对　李　航
装帧设计　吴小敏
责任印制　干燕飞

出版发行　成都时代出版社
电　　话　(028)86621237(编辑部)
　　　　　(028)86615250(发行部)
网　　址　www.chengdusd.com
印　　刷　北京高岭印刷有限公司
规　　格　710mm×1000mm　1/16
印　　张　15
字　　数　250 千
版　　次　2014 年 7 月第 1 版
印　　次　2014 年 7 月第 1 次印刷
书　　号　ISBN 978-7-5464-1166-8
定　　价　35.00 元

前　言

　　早已誉满全球的"股神"沃伦·巴菲特,被誉为"当代(也许永远是)最成功的投资者"。沃伦·巴菲特11岁便投身"股海",从100美元起家,迄今个人财富已逾数百亿美元。他以世界顶尖投资人的身份和令人难以企及的财富创造能力,赢得了世人的盛赞和追捧。

　　2014年3月7日,有媒体引述伯克希尔哈撒韦公布的文件报道,巴菲特已经将他掌管的这个商业帝国中的保险业务在债券上的资产配置减少,目前处于10年以来的最低水平。野村证券的分析师克里夫·加兰特说:"巴菲特正在试图最大化总体回报。相比现金和持有的债券,他在股票上看到了更多机会。"

　　沃伦·巴菲特曾说,低收益率意味着保险商和其他债券投资者拿着"浪费的资产"。为了对抗这种情况,他常常通过私下的交易获得更高收益率的证券和附加的股票。巴菲特在继续进行着并购交易,并对铁路和能源公用事业进行投资。

　　贵为世界首富,巴菲特身上总笼罩着一层神秘色彩。比如,他喝着百事可乐却投资可口可乐;比如他从不举行会议,也不常给分公司的CEO打电话;比如,他没有手机,办公桌上没有电脑,下班之后就回家。

　　那么,这个看起来简单到纯粹的人,这个宣称在死后50年仍能产生影响的人,这个一举手一投足都牵动华尔街,乃至影响全球市场走势的人,为何总能在投资上获得远远高于市场平均报酬率的报酬?

　　巴菲特在一次回答听众"您投资的成功秘诀是什么?"这个问题时说:"两个原则最重要:第一,把股票投资当做生意的一部分;第二,确立安全边界。"也许有的人认为这个太过于公式化,那就听听巴菲特在一部动画片中教孩子们投资糖果业的简单有趣的表述——

　　他问:"孩子们,你们认为糖果生意怎么样?"

　　孩子们答:"每个人都喜欢糖果!"

　　"现在我们有一定的根据了。这一条就符合好的投资项目标准,很重要。"巴菲特说。

1

随后，动画中的巴菲特作了一些关于糖果业发展的解释。他说制造糖果的工艺不会随着时间的推移而发生重大的变化，所以在制造工艺上不需要持续升级改进。重要的是如何创立自己的品牌，使人们对其产生依赖性。因为当一个人从感情上对某个品牌产生依赖时，不但很难改变，而且还会传递到将来的几代。这种投资理念被称为"持久竞争优势"。

在动画片中，巴菲特鼓励孩子们投资糖果业，而在现实生活中，他也是这样做的。

想必大家都吃过"箭牌"口香糖吧？巴菲特做的就是支持玛氏收购了美国"箭牌"糖类有限公司，使"箭牌"成为世界最大的糖果厂商，其产品已覆盖了全世界150个国家。在他看来，"箭牌"就是动画片里所说到的"可以被传递几代的品牌"。

也就是说，巴菲特的投资理念和其采用的策略手段，并不如我们想象的那样神秘，或者生涩难懂。中国古人说："大道至简。"真正伟大的智慧，总结出来其实都很简单，都很容易理解，其所运用的通常都是一些事物发展的基本规律。就如面对一道数学题，冥思苦想了半天也没结果，而当你翻开答案中给出的计算原理，瞬间就会恍然大悟——原来并不难。投资的道理也是一样。

曾有人说，如果一个人在巴菲特开始创业的时候就交给他1万美元，那么到了21世纪，这个人的这笔钱就会变成2亿多美元，他就成了绝对的超级富豪了。如今，这个假设对我们已没有任何意义，我们永远失去了这个机会。但我们仍然有机会向他学习，以增长自己的投资智慧。

那么，作为普通的投资人，该如何从巴菲特的投资历程以及他的成长背景中获益呢？或者更为具体的问题就是：遇到"牛市"怎么办？遇到"熊市"又该怎么办？如何避免投资中的陷阱？如何实现财富"滚雪球"的效应？而这也正是大家研究和学习巴菲特的目的。

2010年，巴菲特在一年一度的《致股东的一封信》中重申了自己成功的"秘诀"。其中，他总结了"大家都抛时我买进"、"大家都买时我不买"、"价值，价值，价值"、"理解你所持有的东西"、"别被高增长故事愚弄"、"防守好于进攻"等几条原则。

《巴菲特投资课》通过系统学习巴菲特在各种场合对自己成功投资所做出的归纳和总结，以及他几十年来在投资上所运用和实践的方法，为读者整理出了八条简单有效、利于掌握、易于仿效的最有价值的投资理念，以飨读者。

目 录
CONTENTS

第三课

逆势——在别人贪婪的时候恐惧,在别人恐惧的时候贪婪　　　　　　　　/61

第四课

价值——要透过窗户向前看,不能看后视镜　/85

第五课

集中——少就是多,把鸡蛋放在一个篮子里 /119

第六课

平常心——恐惧和贪婪是投资界最大的两种灾难
/149

第一课

安　全

——把风险降到最低，要赚钱而不要赔钱

第一节

投资的第一原则:先保本,后获利

　　巴菲特有句很重要的投资名言:"成功的秘诀有三条:第一,尽量避免风险,保住本金;第二,尽量避免风险,保住本金;第三,坚决牢记第一、二条。"巴菲特的这句至理名言告诫所有的投资者要有牢固的风险意识,面对投资要先有能力避免风险、保住本金,然后才可以谈收益。因此,投资者在投资前要先了解投资产品的特点及自身的风险承受能力,再据此选择适合自己的产品。只有本着"投资先保本"的理念,获取收益才有可能。

　　我们带着资本进入投资市场,目的就是获利。但有些投资者非但没有赚到钱,反而亏得头破血流,这就是忘记了保本的原则所致。

　　一般初入投资市场的投资者,几乎每个人都有"交学费"的经历。但有的投资者却总能把学费降至最低,在面对极大的风险时及时脱身,以最小的代价换来最大的经验,这就是懂得保本的道理。因此,在投资市场上首先要学的不是如何赚钱,而是怎样不亏钱,也就是说,先学会保本。

　　曾经有一位股市老手,在20世纪90年代和前两年的股市风暴中都做到了全身而退。当别人向他请教投资经验时,他总是告诉他们:"我在买股票的时候首先想到的不是能赚多少钱,而是先保证自己不亏钱;而当我真的做到不亏钱的时候,往往就会发现自己其实已经赚钱了。"

　　这位投资前辈在涉足股市以来一直坚持着谨慎和独立思考的原则,甚至为此错过了很多机会,但他从不懊悔。他认为对股市中风险的了解应从进入的时候开始,只有这样才不至于以后被动,因此他总是在买入之前就考察好股票存在的风险。而一旦他认为一只股票的风险过大,无论它有多么诱人,都会选择果断放弃。他总结自己的行动策略就是:"走一步,看三步,之前慢出手,持有后就坚持。行情好的时候多持有一会儿,不好的时候就立即清仓。"

上面提到的这位先生才是真正懂投资的人。追求风险高的投资产品,以期待赚得更多的收益,这无可厚非。但要知道,并不是所有的投资都能赚钱,一味贪图高收益,结果很可能是连本金都会赔掉,那还谈什么投资呢?因此,注重本金的安全永远是投资的第一原则。

当然,安全第一,并非单纯的保守,而是为了追求更为持久的收益。投资赚钱,保本第一,面对各种突发情况还能够有效保住本金的投资者才算得上是一个成熟的投资者,才能在以后的投资道路上走得长远。

对于如何在投资市场中保本,投资者可以选择以下几个方式。

1.分散投资。

塞万提斯有一句名言,"不要把鸡蛋放在一个篮子里",现在已经是很多投资者的行动指南。这句话的实际含义就是要投资者做好"资产配置"。

有些聪明的投资者在进行投资的时候,都会事先选择一个方案,将资本分散开来。这里的分散投资可以指在不同投资产品上的分散,也可以指投资区域的分散。但无论如何,其目的都是为了降低风险,以享受更安全的平均收益。因此,现在很多投资者都会将收入分成几个部分,一部分存入银行作为生活的保障,一部分投入股市以获取更高的收益,还有一部分投入基金、黄金等相对保值的市场,所获取的收益既高于银行,同时还能规避股市的风险。还有一些投资者在投资的时候也会选择将一部分资本放入相对稳定但收益缓慢的公司以保证资本的安全,而将另一些放入那些风险较高但预期收益也比较高的公司以取得高收益。这两种方法都是对资本分散的配置,是很好的保本手段。

2.时刻关注市场走向,见好就收。

我们经常能在股市上见到这样一种人，他们总是能够成功规避风险，在股市出现震荡之前就脱身逃离。投资大师巴菲特正是精于此道的人。

1966年到1970年年间，巴菲特有限公司在投资领域取得了令人震惊的成绩。无论是相对于道·琼斯工业指数还是公司本身的发展业绩，都创下了空前的投资回报记录。当年道·琼斯工业指数下跌，而该公司的投资收益率却超出市场平均水平36个百分点。1966年，巴菲特有限公司的总收入为1938万美元，之后通过大量买入百事可乐股票，并卖出一些长期持有的可流通股票，其1967年的税前利润达到了惊人的2738万美元。

按理说，如此大好形势一定会令巴菲特兴奋不已。但作为一名理性的投资者，他在此时却察觉到了一丝危险，非常担忧股票市场会因为投机因素过浓而崩盘。他在1968年7月11日给人的一封信里说出了自己的担忧："今天的股票市场无论是发起人，还是高级雇员、职业顾问、投资银行家、股票投机者，几乎所有人都认为能从股市中狠狠地赚到一大笔钱，可是我却很担忧这种行为长期发展下去可能会导致灾难性的后果。"

于是，1970年，巴菲特做出了一个令人震惊的举动：解散巴菲特有限公司。因为他认为，人们对股票市场的估价已经过高，他已经不知道如何投资了。

当时，人们都认为巴菲特疯了，但巴菲特有他自己的打算。他将个人资产的大部分悄悄地转移到了伯克希尔·哈撒韦公司，从而规避了因为巴菲特公司过热而带来的风险，并为下一次的出手作准备。而事情的发展也正像巴菲特所预料的那样，1974年，巴菲特有限公司刚刚解散完毕，股票市场就崩盘了。试想如果不是他早早察觉风险并见好就收，恐怕他就不会是今天的巴菲特了。"当股市中每个人都能轻而易举地赚钱时，就是要退场的时候了。"巴菲特说。

生活就如同一场达喀尔拉力赛，开得快固然重要，但更重要的是要到达终点，即使再猛再快但却半路退赛，也不算赢家。投资理财也是一样，为了"赚大钱"而孤注一掷是不可取的，时刻牢记"保本为上、安全第一"的原则，才能在投资的道路上安全到达终点。

第二节

安全边际是一种预防和保险

在《聪明的投资人》这本书中，格雷厄姆向世人提出了"安全边际是投资的核心"的理念。他对"安全边际"的解释是："安全边际是价值与价格相比被低估的程度，它的存在可以缓解不令人满意的发展结果。"

作为格雷厄姆的忠实信徒，巴菲特也认为安全边际是投资中最为重要的概念。他说过这样的话："在《聪明的投资人》最后一章中，本·格雷厄姆强烈反对所谓的匕首理论：'面对把正确投资的秘密浓缩为三个单词的挑战，我斗胆地提出一个座右铭：安全边际。'这句话我牢记了42年，至今我仍然认为安全边际的概念非常正确。投资人忽视了这个非常简单的投资座右铭，从而导致他们从20世纪90年代开始遭受重大损失。"

从定义上讲，安全边际就是我们进行投资时付出的货币与投资品内在价值之间的差额。如果一个投资物的安全边际比较大，那么即使由于各种原因而导致投资失败，它也能够帮助我们把损失降至最低。说得具体一点，所谓安全边际，就是像购买价廉物美的商品一样，用相对于实际价值非常便宜的价格买入好的投资产品。在安全边际的指导下进行投资，用巴菲特的话来说就是："用4毛钱的价格去购买价值1元钱的股票，其实就是用相当于实际价值四折的价格买入股票。"

要知道，一个投资产品的价格并非其实际价值，我们自己的心中应该有一个衡量尺度，大概估计一下它的实际价值。例如巴菲特在买一只股票之前就会大概估计一下这个公司的总价值，再除以总股本，折算出一只股票的价值,然后和市场价格进行比较,股价明显低于价值就买入,否则就寻找其他的投资机会。

但令人担忧的是,很多投资者在日常购物时能够很好地运用这一原则,但到了股市里面便会把它抛之脑后。人们在市场中看到"跳楼价"、"大甩货"就会高兴不已,但到了投资领域却看到股票暴跌就眉头不展,这就是因为不懂得安全边际。

我们之所以要在投资中重视安全边际原则,主要原因有以下几点。

1.没有任何人能够准确预测投资产品的价格波动。格雷厄姆就曾指出:"如果说我在华尔街60多年的经验中发现过什么的话,那就是从来没有人能够成功地预测股市变化。"而安全边际恰好是对于投资市场上价值的巨大波动、风险的不确定性的一种预防和保险。

一项投资产品如果具有较大的安全边际,那么即使它的市场价格长期低于价值,作为投资者的我们仍然可以通过公司净利润和股息的发放,来保证我们资本的安全性;而如果投资产品的价格进一步下跌,我们也可以因其产生了更大的安全边际而对其追加投资。正如巴菲特所说:"未来永远是不确定的。如果大家普遍对市场看好,那么我们就只能花高价从市场买入股票。所以,不确定性实际上反而是长期投资者的朋友。"

2.我们的理财分析师和投资公司在对一项理财产品进行分析时,其失误率往往高得让人难以接受。以美国华尔街为例,2008年就有人指出,华尔街的那些证券分析师们每天拿着高薪,但交给消费者的分析结果却不那么尽如人意,他们的失误率竟然高达60%以上。

无论是证券分析师还是投资公司,他们对一项投资产品进行分析时,该产品的收益情况是他们主要的分析对象。就拿股票市场为例,现代股票分析技术的核心是通过预测该公司的年终收益来预测公司股票市场价格的未来走势。但是,我们要知道,一个公司在经营中要面对很多不同的问题,其最终的年度收益其实是一个很难捉摸的未知数。因此,预测结果出现60%以上的失误就不算稀奇了。

世界最有影响力的金融杂志之一《机构投资者》，每年都会评选两次"最优秀的投资分析专家"。该杂志从欧美数百家投资经纪公司中选出最优秀的投资分析专家组成一支最优秀的"专家联队"，让他们对每一个行业的收益变化进行预测，然后看一看这些"明星们"的"考试成绩"。结果发现，这些所谓的"尖子生"的考试水平简直惨不忍睹："真正的英雄少之又少。在研究期间，股市平均上涨14.1%，而'明星'推荐的股票，总体上涨9.1%，比市场平均水平还低34%。在推荐的134种股票中，只有42种上涨幅度超过标准普尔500指数的平均水平。"

上述事实向我们证明，公司的收益几乎是无法预测的。因此为了防止那些所谓"专家"的错误分析给我们带来难以预料的损失，我们应该学会"自我保护"，也就是在投资时要确立"安全边际"。

我们了解巴菲特的经历是从他收购可口可乐开始的。要知道，在1988年和1989年巴菲特购买可口可乐公司股票的时候，可口可乐在股票市场上的价值平均仅为151亿美元。但是当时巴菲特估算，可口可乐公司的实际价值至少应该多于207亿美元，甚至可能达到483亿美元，那么可口可乐公司这款投资产品的安全边际就非常大了。因此在巴菲特看来，此时买进可口可乐股票，简直就是在抄底，当然这个"抄底"是相对于可口可乐公司内在价值而言的。

在投资产品价格远远低于其内在价值，并能够保证可靠的安全边际的时候，巴菲特就会毫不犹豫地买进。对此巴菲特用了一个现实生活中的事例做类比："这就像是到折价商店进行廉价采购，任何廉价的东西都好，只要是廉价的。你一定知道这种感觉，当你走进一家商店，在你眼前的是个从259美元降到25美元的铲雪机，即使你住在佛罗里达，从来不会用到铲雪机，但价格却低到让你舍不得放弃。那就是格雷厄姆选择投资项目的方式。"

但巴菲特还是将其导师的原则发展了一下。他的方法是事先决定自己想要购买的,然后慢慢地等着它降价,当它的价格降到可以满足自己的安全边际的时候,才开始购买。所以,唯一会在折价商店发现巴菲特的时候,是他正在检查他所需要的东西是否正在降价的时候。

同样地,巴菲特在市场中进行安全运作时,采取的也是这种方法。他已经知道想要拥有什么样的公司了,等待的就是它降到一个可以保证自己的资金安全的价格。对于巴菲特而言,买什么和什么时间买并不重要,重要的是安全。"你不必试图以8000万美元的价格购买价值8300万美元的企业,你必须让自己拥有更大的安全边际。铺设桥梁时,你坚持可承受载重为3万磅,但你只准许1万磅的卡车通过,相同的原则也适用于投资领域。"巴菲特如是说。

第三节

投资的成本过高会带来灾难

巴菲特曾说过这样一段话："我们投资部分股权的做法，唯有当我们可以用有吸引力的价格买到有吸引力的企业时才行得通，同时也需要温和的股票市场来帮助我们实现。而市场就像上帝一样，帮助那些自己帮助自己的人；但与上帝不一样的地方是，它不会原谅那些不知道自己在做什么的人。对投资人来说，买入价格太高将使优秀企业未来10年业绩增长的效果化为乌有。"

有些投资者经常认为，高成本都会伴随着高收益，因此对于投资成本高的产品乐此不疲。但他们却忽略了一个问题，就是高成本同样伴随着高风险。巴菲特对美国航空公司的投资就是一个很好的例子。

1996年，巴菲特在伯克希尔公司的年报——《致股东的一封信》中向股东们解释说：1989年，伯克希尔公司在美国航空公司年利率为9.25%的特别股上投入了3.58亿美元，他当时满以为有足够的胜算把握，却没想到犯了一个大错误。

"在投资美国航空时，本人在想我真是抓对了时机，我几乎是在航空业爆发严重的问题之前，跳进了这个产业（没有人强迫我，如同在网球场上，我把它形容成非受迫性失误）。美国航空问题的发生，起因于产业本身的状况与对Piedmont购并后所产生的后遗症，这点我早该预料到，因为几乎所有的航空业购并案最后的结果都是一团混乱。

"不久之后，卡罗迪与索霍费尔德解决了第二个难题，美国航空现在

9

的服务受到好评,不过整个产业所面临的问题却越来越严重。自从我们开始投资之后,航空业的状况便急剧恶化,再加上某些业者自杀性的杀价竞争,最终导致所有的航空业者都要面临一个残酷的事实。在销售制式化商品的产业之中,你很难比最笨的竞争对手聪明到哪里去。

"不过,航空业在未来几年内,除非全面地崩溃,否则我们在美国航空的投资应该能够确保安全无虞。卡罗迪与瑟斯很果决地在营运上做了一些重大的改变来解决目前营运所面临的问题,虽然如此,我们现在的投资情况比起当初还是差了一点。"

上面是巴菲特在年报中的一段话。其中提到,美航公司其实已经针对并购后遗症做出了最好的解决,但前者也就是"产业本身的状况"还是让巴菲特失误了。这里所说的"产业本身的状况"就是指美国航空公司的成本结构仍然停留在以前的管制时代,公司的运营成本非常高,而这些运营成本最终是要转嫁到投资者身上,也就是他自己的头上。而另一方面,美航公司的营业收入却因为整体市场激烈的价格竞争而大幅度缩水。其实,营业收入下滑是整个航空产业的问题,美国航空公司无法独善其身。可是在这种情况下,如果不能降低运营成本,那么灾难也就无法避免了,无论该公司以前有过多么辉煌的历史,拥有多么出色的CEO。

巴菲特承认,他非常喜欢并且崇拜美国航空公司CEO卡罗迪。但由于自己对美国航空业的分析研究过于肤浅,没有充分看清这项投资所要注入的成本,并且又过分相信该公司的盈利能力,结果使自己陷入了两难的境地。

巴菲特毕竟是巴菲特,即使出现了这样的原则性失误,但从总体上看,伯克希尔公司从1989年到1996年年间,还是从美航公司身上陆续得到了2.4亿美元的股息合计,与3.58亿美元的初始投资相比,已经是旱涝保收了。

事后,巴菲特不无调侃地引用维京亚特兰大航空公司老板理查德·

布兰森的话说:"有人问要怎样才能成为一个百万富翁,其实这非常简单。首先是你要成为一个亿万富翁,然后去买一家航空公司。由于航空公司不断亏损,所以最终你的资本也会慢慢变少,最后你就可以变成百万富翁了!"

因为投资对象的经营成本同样会给投资者增加成本,从而带来更大的风险,所以从此以后,巴菲特尤其喜欢投资那些经营成本低的股票。归根结底,就是因为看中这样的投资对象具有更宽的"经济护城河"。

我们不能保证每个人都有巴菲特那样的气魄和运气,但可以学习他的投资手段,为自己也找一条安全的"经济护城河"。而最简便的"经济护城河"就是避免过高的投资成本。

刨除美航公司的"败笔"不谈,巴菲特在投资上的成绩还是世间罕见的,这源自于他为自己订立了很好的投资原则并坚持遵守。这其中就包括"要把资金集中投向于那些低成本企业的股票,而不一定是这个行业的领头羊"。巴菲特认为,很多人不喜欢投资那些低成本企业的做法是错误的。在他看来,低成本的企业有很大的获利空间,它们将来总有翻身的一天——当市场交易越来越透明、价格信息越来越开放、消费者越来越精明时,它们的好日子也就到来了。因此,这些低成本的企业雄霸市场只是时间问题,投资这样的企业,是不会吃亏的。

巴菲特对全球第一大连锁超市沃尔玛的投资遵循的就是这一原则。巴菲特为什么投资沃尔玛公司呢?就是因为它的操作成本最低,只有销售额的15%。同样在美国,最大的电器连锁公司的这一比例为25%,最大的家具连锁公司的这一比例为40%。沃尔玛远低于市场水平的操作成本,也就给投资者带来了低于他人的投资成本。

不只投资如此,在经营自己的企业时,巴菲特也是如此。在美国家具行业,成本最低的就是巴菲特主要控股的伯克希尔公司旗下的NFM公司,这家公司的操作成本只占销售价格的15%。

　　高成本的投资往往能够带来高收益和轰动效应,但同样,如果对投资管理不善,或者出现一些不可预料的因素,那么高成本也往往会招致不可挽回的灾难性后果。因此,在选择高成本的投资产品时一定要充分做好"功课",仔细斟酌,慎之又慎。而相对的,低成本的投资产品则显得更加理性。俗话说:"船小好调头。"低成本的投资风险比较低,一旦出现问题,补救措施也比较多。因此选择投资成本低的产品,是避开投资误区的一条捷径。

第四节

赚多少先看赔多少

投资市场风云诡谲，我们看到很多人一夜暴富，也看到很多人倾家荡产、身败名裂。对于一夜暴富，我们是"身不能至，心向往之"，而对于倾家荡产、身败名裂，我们也是要尽力避免的。那么如何才能避免因投资失败而导致人生悲剧呢？其实很简单，就是在投资之前先做好赔钱的心理准备，要赚先想赔。

我们知道巴菲特之所以能够成为"股神"，是因为他独到的眼光，能够精准地从鱼龙混杂的投资市场中挖掘出那些具有持续增长潜力的股票。我们可以看到，巴菲特所选择的企业都是有着长期竞争力、发展前景好、投资价值也很高的企业。但是我们很多人却忽略了巴菲特的另一面，就是他谨慎的一面。要知道，巴菲特即便是看中了某只股票，也不会急于出手。在投资之前他还得考虑一个重要的问题——安全演算，即将这笔投资可能出现的亏损计算出来，然后再判断这只股票是否有投资的价值。这种做法在很大程度上降低了受风险冲击的程度，能够最大限度地保证巴菲特投资的稳定性。

对吉列公司的收购，可以说是巴菲特投资历史上值得特别书写的一笔。在收购吉列公司的那段时间里，巴菲特表现得非常激动。据他事后回忆，在那段时间里，他几乎每晚都无法踏实入睡，脑海里总是一片剃须刀的海洋。

巴菲特曾经反复计算吉列公司在欧洲、非洲、中东、太平洋地区等各个市场上主营产品的销售情况,有时甚至会细致到连吉列公司在海外的32个分公司的不同营业额也计算出来,他做到了对吉列的每个地方的赔赚都心里有数。巴菲特曾说:"我喜欢投资,所以我喜欢计算。我在计算我能赚取多少利润之前,都会首先计算自己能够承受多少损失。"

巴菲特在采访中曾多次提到,对政府雇员保险公司——GEICO的投资,是他运算最复杂的一次。在他将资金投入到GEICO之后不久,该公司就开始出现巨额亏损。巴菲特第一次投资的4500万美元就像是掉进太平洋里面的一根针一样,未掀起丝毫波澜,GEICO股价竟然一路跌至每股2美元。当时他曾多次就是否还要继续投资这家公司反复质问自己,最终,还是投资之前精确的亏损预算帮助了他。他通过反复思考当初做的"功课"和周密的运算,得出了亏损在可承受的范围内的结论,并认定GEICO还有出现转机的可能。

在那段艰难的时间里,巴菲特总是不断接到GELCO公司持续亏损的报告。但是,他已经做好了心理准备,一切都在他的掌握中。他多次毫不犹豫地向GEICO注入资本,先后投资达到1亿多美元,终于把这家公司的经营状况扭转过来,让投资扭亏为盈。

在风波结束之后,巴菲特曾反复地对伯克希尔公司的管理人员讲,投资行为不是纯粹的投机取巧,也绝不是靠拿一点小成本就能够赚到大钱。在这个世界上,如果有没有任何风险就会获利的事情,那恐怕只有继承财产了。巴菲特曾经形象地说:"就是你发现地上有一捆钞票,在低头捡它之前,你也要考虑一下背后是否有更大的风险!"

投资市场的不可预知因素有很多,即使是"股神"巴菲特也要做好应对失败的心理准备。所以,"在确定投资之前,首先考虑的不是赚多少而是赔多少"这句话永远是投资行业的至理名言。因为只有做好应对亏损的心理准备,有了赔钱的意识,才能在事情出现变故之前保持冷静,从而迅速做出正确的决策,对问题进行补救,挽救投资,扭转败局。

有人曾根据投资者的心理动态,把投资者分为以下四类。

第一类人是莽夫。他们没有任何风险意识,无知者无畏。很多投资者根本就不懂投资技巧,看到别人赚钱就跟着冲进市场,乱投乱选。这类人如果运气好的话可能会赚一点钱,但是运气终究敌不过可怕的现实。2009年,很多人听说股市好赚钱便一窝蜂地涌入,什么抓乒乓球选股、飞镖选股都出来了,结果顶了人家的缸,资金被牢牢地套住,赔了个血本无归。

第二类人是冒险家。他们明知道投资有很大的风险,但为了博取风险后面的高额利润甘愿冒险。这些人在股票投资中明知一只股票被过分高估了,但总是抱着一种侥幸心理,想着自己高价买入,后面还能以更高的价格卖出。他们其实是在博傻,博的是后面会有更傻的人以更高的价格继续买入这只股票,这叫胆大无畏。说得再明白一点,这些人其实不是在投资,而是在赌博,拿自己本金的安全来赌博。可能会有一两次赌中了,但是大多数情况下,都是以亏损收场。

第三类人是十分谨慎的投资者。这些人在投资时,只会选择非常安全的投资产品下手,在看到某种投资产品的内在股价低于其市场价值,自己的成本有非常安全的保障的时候,才会选择出手,否则就一直采取观望的态度,一动不动。这类人在进入投资市场时,一般情况下不会有太大的损失,但也很难有高额的盈利。

第四类人则是真正的投资者。他们不仅会看到投资市场上所能带来的利润,也会兼顾风险。在投资之前,他们会做好调查,为自己拉上一张结实的安全网,然后再准备一条后路,一旦出现变故可以用最小的代价全身而退。这类人能正视投资可能带来的损失,因此一旦出现损失,他们也有办法去应对。

巴菲特无疑就属于第四类投资者。他会在投资之前做好充分的考察,对可能出现的损失做到了如指掌,从而把损失所能带来的伤害降至最低,这样也就保证了自己的"绝对"安全。

总之,在梦想着靠投资产品一夜暴富之前,首先要预料到它同样可以让你倾家荡产。先计算出可能的损失,再计算要得到的收益,始终以合乎自己承受能力的预算价格作理性的投资选择,这样才能保障投资的成功率。投资市场上的"求生得死,求死得生"就是这个道理。

第五节

保守行事,绝不借债炒股

在投资领域,我们普通人对那些以小博大、少赔多赚的人总是敬佩不已,称他们为"大神"。但在有些人的眼中,这些"大神"还不是最厉害的,他们追求的最高境界是用别人的钱投资,并从中获利,即我们常说的"借鸡生蛋"、"空手套白狼"。

中国广东某市的一位股市大亨刘某就是这样一个喜欢"借鸡生蛋"的人。刘某最早接触股市是在1990年,第一次炒股就让他赚到了几万元,几万元对当时的人来说可不是一个小数目。尝到了甜头的刘某便辞去了本职工作,将精力全部投入到了股市中。

因为入行比别人早,经验自然比别人多,将近二十年的股市沉浮让刘某积攒了一定的原始资本,还让他在当地获得了一个"股神"的称号。随着上世纪末本世纪初的经济衰退,刘某也学着别人急流勇退出去搞实业。刘某在家乡的县城开了一家成衣厂,开始了厂长生涯。但由于长期沉浸在股市中,对现实生产一窍不通,刘某在两年时间里把赚到的钱赔得差不多了,于是决定重整旗鼓,回到股市重操旧业。

但这次重回股市,刘某决定采取另一种方法。一方面是由于他自己的本钱已经所剩无几,再者,他也想体验一下别人所说的"空手套白狼"的快感。于是,他在家乡开始了对亲戚朋友的"融资"。

因为刘某名声在外,所以家乡的亲朋好友也愿意把钱拿出来让他代为投资,于是他的原始资本瞬间就积累到了一个惊人的数目。这些滚滚而来的资金让刘某信心十足。刚开始,事情确实是在向好的方面发展,刘某在给亲朋好友带来丰厚回报的同时,自己也是财源滚滚。据说2007年一年,他自己就赚了500多万元。

这响亮的第一炮更增加了刘某的信心,他将这笔钱加上筹措来的1000万元,又重新投入了股市。他看好了一个版块,于是决定集中出击,一下子将钱全部投入到了三个公司的股票上。但他刚一进去,股市便出现了衰退的征兆。一开始,刘某还以为是正常的波动,但当电脑屏幕上面的惨绿色逐渐增多,大盘一路下跌,刘某终于意识到,熊市来了。

对此,刘某只有用"割肉"的方法解套。但面对着如此大笔的投入,一旦解套,可能这几年的辛苦都白费了,刘某还是有些犹豫,最后也正是他的犹豫把自己逼上了绝路。2009年年底,当刘某彻底清醒想要从股市中解脱出来的时候,他手上的资金已经不及当初的百分之一——他破产了。

但要知道,破产不只关系着他个人,他背后还连接着许多亲朋好友呢!这些人把钱拿给刘某本想和他一起尝一尝股市的甜头,如今却赔得血本无归。于是,那些被连累的人私下约定好,整天去刘某家理论。2010年9月,忍受不了别人的质问和压力的刘某从自家阳台上跳下,结束了自己的生命。

巴菲特曾经有一句意味深长的话:"在投资中,就算再令人心动的数字,如果将它乘上一个零,那结果也只会是零,而你用别人的钱来投资,无疑就增加了零出现的几率。"结合这句话再看一看上面的例子,我们感慨良多。不懂得谨慎投资,为了攫取暴利而甘冒天下之大不韪的人又何止刘某一个啊!

2004年德隆集团的破产就是一个典型的教训。德隆集团1986年创建于新疆乌鲁木齐,2000年年初,集团在上海注册了德隆国际战略投资有限公司,注册资金达5亿元人民币。经过十多年的发展,德隆集团逐渐形成了以传统产业的区域市场、全球市场为目标的重组和整合能力。

德隆在十年间涉足的领域涵盖了制造业、流通业、服务业、金融业和旅游业等十几个行业,公司拥有新疆屯河集团有限责公司、湘火炬投资股份有限公司、沈阳合金投资股份有限公司三个全资公司,另外还参股了20余家公司。2002年,这些公司实现了销售收入40亿元、上缴利税4.5亿元的辉煌战绩,德隆国际的总资产也超过了200亿元。

然而,德隆在实施并购的过程中,大笔举借外债,最终导致了资金链瞬间断裂,把自己带入了沉重的财务危机,并为此付出了高昂的代价。

同样,作为中国最强的几大券商之一的南方证券,也是由于冒险挪用客户的巨额保证金放入股市中豪赌,结果走上了破产清算的道路。

由此可见,借债投资真可谓是一条不归路!连德隆这样强大的庄家、南方这样强大的券商都会因借钱投资而陷入万劫不复的境地,那我们这些想要通过借钱融资来投资的人,就一定要冷静地想清楚了。

巴菲特总是无数次对投资者强调,投资市场变化无常,因此也就存在着非常大的风险,而每一个投资者应对这种巨大风险的能力都是非常有限的。即便是用自己的钱来投资,有时也会因为投资失败或者暂时的危机而影响到自己的日常生活,更不用说借钱投资了。

我们每个人都知道投资的资本越多越好,而借钱是融资的最好手段,那为什么聪明绝顶的"股神"却不这样做呢?巴菲特在2005年度的伯克希尔公司年度报告即《致股东的信中》曾作出这样的解释:"我们对于伯克希尔为了并购或经营的目的而发生任何大量的债务根本不感兴趣。当然,根据传统的商业智慧我们在财务上显得太过于保守,也许我们在资产负债表中加入适当的财务杠杆能够安全地增加盈利,但成千上万的投资者将其很大一部分资本净值投资到伯克希尔股票之上(应该强调的是,其中包括我们大部分董事会成员和主要经理人),公司的一个重大灾难就会成为这些投资者们个人的一个重大灾难。不仅如此,对于那些我们已经向其收取了15年甚至更多年份保费的人们会造成永远无法弥补的伤害。对于我们的这些股东以及其他客户,我们已经承诺,无论发生什么情况他们的投资都会绝对安全:金融恐慌、股市关闭(1914年拖延很长时间的股市关闭),甚至是美国遭受核武器、化学或生物武器袭击。"

巴菲特的话应该让某些人清醒了吧!在投资领域,保守永远不会没有市场,投资和投机其实只有一步之遥,有把握、有计划的资本投入就是投资,而利用别人的钱来"赌博"的行为就无异于投机了。

在保守这方面,就连做事风格迥异于巴菲特的彼得·林奇也和他看法一致。林奇曾说过:"就算是用你自己的钱去炒股,也要严格控制额度。"林奇甚至举出了具体的做法:在你买股票之前,首先重新检查一下家里的财政预算情况是一件十分必要的事情。例如,如果你在两三年之内要为孩子支付大学学费或者要结婚买房,那么就不要把这笔钱用来投资股票,即使是购买最稳健的蓝筹股也太过于危险而不应考虑。因为未来两三年内股票的价格是涨还是跌,对于这个问题预测的准确性可能就会和你掷硬币猜正反面差不多。如果蓝筹股也会在3年甚至5年的时间里一直下跌或者一动也不动,那么你的一切人生计划可能都会泡汤。

林奇的建议不只对那些初入市场的菜鸟投资者有教育意义,对有些自认为是"老手"、"大神"的人也是一个警醒。我们看到市场不景气的状况正在慢慢地消退,投资领域还会出现重新繁荣的那一天,当再次面对让人喜悦的牛市的时候,希望大家能始终记得巴菲特的这句话:"千万不要借钱炒股。"

第六节

如果不了解，就不投资

巴菲特曾经说过一句话："如果有1000只股票，对999只我都不知道，我只选那只我了解的。""股神"是如此，作为普通投资者的我们就更应该效仿，但现实却并非如此。

我国号称有七千万股民，这些股民当中有多少是对自己投资的行业、企业有过了解的呢？答案说出来让人瞠目结舌：不到千分之一。这也就是说，我国的大多数股民还处在盲目投资的阶段，而且有些人非但不了解自己的投资对象，甚至连股票的运作过程也不了解，他们只知道把钱放在那里，然后做着发财的美梦。

有一家证券公司的经理人曾经介绍说：2006年、2007年新入市的股民非常多，这些人大多是看到别人炒股挣了钱，也想来分一杯羹，其行为多具盲目性。他们连最基本的投资常识都没有，在炒股炒基金的时候盲目跟风，结果大部分都亏得血本无归。就拿中石油刚上市的时候为例，当时的价格为48元，很多投资者纷纷倾囊排队购买，但这只股票一到手就开始跌，现在它已经跌到每股10块多了，很多人都被牢牢地套在上面，这就是盲目跟风的结果。

有一位散户股民，从2007年开始炒股，当时也是看到身边的同事有人靠炒股票发财，于是抱着试一试的心态进入股市。在开始的几个月还赚了一些钱，但到10月15日沪指突破6000点为止，他的成绩就跟着大盘一路下跌。到2008年3月，他已经赔光了全部的积蓄，还欠下了10万元的债务。事后有人问他，这些钱都亏在哪儿了，他却总是用一句"运气不好"来应付；而当有人问他是否了解投资的那些公司时，他连公司地址、企业法人是谁都答不出来，更不明白什么叫企业财务报表、企业年报。

这位投资者就是典型的盲目跟风型。这类人从没有想过要自己思考和分析，到最后就只能扮演为别人顶缸的角色，被牢牢地套在股市里。现在"投资"这个词在中国已经越来越流行，有些人简单地把价值投资等同于出钱收钱，但这违背了投资的具体含义。对此巴菲特的见解是："投资的精髓是不管你是看公司还是看股票，都要看企业的本身，看这个公司将来5年、10年的发展，看你对公司的业务了解多少，看你是否喜欢并且信任管理层，如果股票价格合适你就可以持有。"

巴菲特投资遵循他提出的能力圈原则（核心思想可以概括为：不熟不买，不懂不做），也就是知己知彼。正是因为他做到了知己知彼，才能够多次成功地在股市震荡到来之前做到全身而退。巴菲特曾这样总结自己有选择地寻找某种行业领域的企业的经验："我们的重点在于试图寻找到那些在通常情况下未来10年、15年或者20年后的经营情况是可以预测的企业。"

巴菲特进一步指出："研究我们过去对子公司和普通股的投资时，你会看到我们偏爱那些不太可能发生重大变化的公司和产业。我们这样选择的原因很简单：因为对于它们我们做了足够的了解，在进行两者（子公司和普通股）中的任何一种投资时，我们寻找那些我们相信在从现在开始的10年或20年的时间里实际上肯定拥有巨大竞争力的企业。至于那些迅速转变的产业环境，它确实可能会为我们提供巨大的成功机会，但是因为不了解，就被排除在我们寻找的确定性之外了。"

巴菲特认为，对于投资来说，关键不是确定某个产业对社会的影响力有多大，或者这个产业将会增长多少，而是能够深入了解它。因此他倾向于选择那些有持续性优势的企业，因为一旦对这些企业作出了了解，就能在相当长的一段时间内运用经验；而对于那些发展迅速、有时替换比较快的行业，因为无法对它们作出及时的了解，所以对于投资者而言，它们的风险是非常大的。"这也就是说，在一块总是动荡不安的经济土地之上，是不太可能建造一座固若金汤的城堡的。"

巴菲特对于高科技产业的规避就很好地说明了这一点。巴菲特曾说他对分析科技公司并不在行，当1998年股市正处于对高科技尤其是网络公司股票的狂热追捧中时，在伯克希尔公司股东大会上，他也被问及是否会考虑在未来的某个时候投资科技公司。对此巴菲特的回答很简单："不！"他进一步解释说："这也许很不幸，但这就是答案。我要说我确实很崇拜安迪·格鲁夫和比尔·盖茨，我也希望能通过投资他们将这种崇拜转化为行动。但当涉及微软和英特尔股票时，我不知道10年后的世界会是什么样子，我不想玩这种别人拥有优势的游戏。我可以用所有的时间思考下一年的科技发展，但不会成为分析这类企业的专家，第100位、第1000位、第10000位专家都轮不上我。许多人都会分析科技公司，但我不行。"

巴菲特避开科技企业还有一个原因，就是很难预测这些变化很快的高技术领域或新兴行业的未来发展。

巴菲特说："有许多产业，查理（查理·芒格，巴菲特的黄金搭档，伯克希尔·哈撒韦公司的副主席）或是我可能都无法确定这些公司的业务到底是'宠物石头'（美国商人加里·达尔的一个创意，流行时间非常短）还是'芭比娃娃'（畅销最久的玩具）。甚至即使我们花了许多年时间努力研究这些产业之后，我们还是无法解决这个问题。有时是由于我们本身智力和学识上的缺陷，阻碍了我们对事情的了解；有时则因为是产业的特性本身就是很大的障碍。例如，对于一家随时都必须应对快速技术变迁的公司来说，根本就无法判断其长期经济前景。

"在30年前，我们能预见到现在电视机制造产业或电脑产业的变化吗？当然不能，就算是大部分热衷于进入这些产业的投资人和企业经理人也不能。那么为什么查理和我非得认为我们能够预测其他快速变迁产业的发展前景呢？我们宁愿专注于那些容易预测的产业。在快速变化的产业中预测一个企业的长期经济前景远远超出了我们的能力圈边界。

"如果其他人声称拥有预测高科技产业中的公司经济前景的技巧，我们既不会嫉妒也不会模仿他们。相反，我们只会固守于我们所能理解的行业。如果我们偏离这些行业，我们一定是不小心走神了，而决不会是因为我们急躁不安而用幻想代替了理智。幸运的是，几乎可以百分之百地确定，伯克希尔公司总有机会在我们已经画出的能力圈内做得很好。

"我可以理性地预测投资可口可乐公司的现金流量，但是谁能够准确预测10大网络公司未来25年里的现金流量呢？如果你说你不能准确预测，你就不可能知道这些网络公司的价值，那么你就是在瞎猜而不是在投资。对于网络企业，我知道自己不太了解，对于不了解的行业，我们不会随便投资。显然，许多在高技术领域或新兴行业的公司，按百分比计算的成长性会比注定必然如此的公司要发展得快得多。但是，我宁愿得到一个可以确定会实现的好结果，也不愿意追求一个只是有可能会实现的伟大结果。"

看完巴菲特的这段话，我们应该明白这位"股神"很少失败的一项秘诀了——对不熟悉、不了解的领域不轻易投资，这可以让我们规避很多因盲目和误解产生的风险。因此，这句话不仅应该成为投资者进行投资时的行为准则，更应该成为我们平时对待人生的一种负责态度。

第七节

预测投资利润时一定要打风险折扣

巴菲特曾经说过:"我从未期望通过买卖股票赚钱。我们买入股票时会假设股市第二天会关闭,甚至在5年内股市不会重新开始。"可以说,正是他对风险的这种谨慎态度,成就了伯克希尔公司领先于全球的投资事业。这个世界上没有无风险的收益,投资领域更是如此。可以做一个形象的比喻,即投资就好像是一条鱼,利润则是鲜美的鱼肉,我们想吃的当然是鱼肉,但不要忘记,在鱼肉中还暗藏着鱼刺呢,风险就是投资领域的"鱼刺"。

对于这些鱼刺,我们固然不能因噎废食,但也不愿意被鱼刺扎破喉咙。所以在为丰厚的利润动心的同时,我们也要暗自估量其中的风险,给收益打一个风险折扣。

真正理想的投资机会是"风险小,收益高",但这种机会可遇而不可求,因此就有人说"风险越大,收益越高"、"撑死胆大的,饿死胆小的"、"舍不得孩子套不着狼",甘愿冒着巨大的风险去博取更大的收益。但这种做法带来的后果往往都是不尽如人意的。

因此承担风险并不代表会增加收益!投资市场上有很多人就是受到了"风险越大,收益越大"这句话的蛊惑,才会在什么也不懂、什么也不明白的情况下,跟着别人跳下大海,结果"淹死"在滚滚的金融洪流中。

没有人喜欢风险,人们追求的是和风险捆绑在一起的利润。但世界上没有无刺的鱼,同样没有无风险的投资。因此,我们在进行投资之前,应该把其中的风险考虑周详,尽量在吃到肉的同时又不被里面的刺扎到嘴。

投资风险往往难以预测,却又总是在大家猝不及防中悄然袭来。回想2008年的中国股市,在经历了两年快速上涨之后的罕见剧烈震荡,让多少没有足够心理准备的投资者震惊不安乃至沮丧惶恐?这些人都是被股市巨大的利润所吸引,而忽视了其背后隐藏着的巨大的风险陷阱。

在投资的历史上,市场曾不止一次地向我们展示其包含着的风险有多么大的摧毁能力:上世纪30年代,美国经济遭受到有史以来最沉重的打击,道·琼斯指数经过30年才恢复,社会步入了大萧条时期。但当时,很多美国人直到大崩溃到来之际还在做着发财的美梦呢!

遥想上世纪80年代,日本、韩国和中国台湾的经济发展是多么迅速,带动的股市繁荣让每个人都看到了赚钱的希望,日本股市在1986年一度取代美国成为全球最大的股票市场。但仅仅10年时间,一次大的崩盘就让很多人多年的辛苦化为泡影,从一夜暴富刹那间变得一贫如洗。日本更是步入了长期的低迷中,日经指数逐渐下跌到只有原来年峰值的1/5。

而2000年前后,一场针对互联网投资的泡沫崩溃,又一次狠狠地扇了那些盲目投资者一个耳光。在那个疯狂的"网络革命"年代,只要随便几个美国名牌大学的学生,随便弄个报告、找个几百万美元投资,申请个域名、做个网站,然后再弄点人气,哪怕他们一分钱也没赚,甚至大把大把地亏损,都可以很快到市场上找到下家。著名的电影《大腕》的最后部分,那个精神病院里的疯子向同伴讲述的投资方式,就是当时的真实写照。一个互联网新股上市后股价瞬间暴涨几倍在当时并不稀奇,没有人知道它是做什么的,没有人知道它在靠什么赚钱,人们只知道通过它可以获得暴利。在这种普遍的一夜暴富的心理驱使下,美国纳斯达克指数在四年的时间里暴涨4倍,在2000年3月终于达到顶峰。

同年4月,泡沫开始破灭,股价一路暴跌,人们纷纷抛出手中的股票,但有多少人能够收回成本呢?到2000年年底,纳斯达克指数跌至3000点左右,损失的市值总和超过31000亿美元,比美国当年的国内生产总值的1/3还要多。直到11年后的今天,纳斯达克指数还在2800点左右徘徊。

让我们看一看当时的巴菲特在做什么。在互联网投资大热的时候,巴菲特在一旁冷眼旁观,他旗下的伯克希尔公司甚至连一点互联网的边儿都没沾,他自然也就成功地躲过了之后的互联网风暴。就是在投资市场整体不景气的2000年,巴菲特和他的公司依然盈利15.57亿美元,让人们不得不慨叹他的明智。

其实巴菲特的做法并非有多么高明,他只是看清了丰厚利润背后的风险陷阱。经过周密的计算,他得出了投资互联网风险太大的结论,折算后的利润远远抵不上一旦出现风险所造成的损失。因此,无论其中利润有多么诱人,"股神"都明智地选择了放弃。

在预想投资的风险与挫折方面,巴菲特堪称投资者的表率。巴菲特对于股票投资的风险总是不忌讳做最坏的打算,他曾说过:"基金现在已经成为许多百姓投资理财的首选。要想安心持有基金,投资挫折与风险的预想应当是一门不可回避的必修课。当你准备投资股票、基金时,最好事先假设买了基金之后市场突然暴跌,你的基金损失惨重,然后你再拷问自己,你可以忍受基金跌到什么程度,你的工作和生活会不会因此受到很大影响。如果你发觉自己的神经根本无法承受较剧烈的市场波动,那还是适可而止的好。但也不必为此不快,因为总有一款理财产品适合你。如果对风险的承受能力不高而又想获取一定的收益,那不妨选择可以打新股的债券基金或者风险更低的货币基金。"

一项投资产品的真实价值与其安全性是密不可分的。巴菲特决不会长期投资具有波动性盈利历史的投资产品,因为面对这样的投资产品想保证自己资金的安全实在是太困难了。巴菲特认为,定价一种投资产品,就要先计算出它往年的收益流量,并且通过反映各种风险及机会成本的贴现率来对本年收益进行"折现"，看看其预期利润是否可以抵过预期风险。

其实一家公司真实的投资价值，就应该是通过巴菲特这种"折现"所得到的数额。如果它的预期利润无法抵御预期风险，就说明它实现利润的风险非常大，那么即使利润再丰厚，我们也有很大可能拿不到手里，因此就不能把资金投入其中。

投资毕竟是在使用真金白银，由不得我们不谨慎。在投资之前先做好风险评估，由此折算出利润实现的可能性和风险出现的几率，这有助于我们在投资的时候作出正确的决策。

第八节

把握投资的进退之道:在买之前就知道何时卖

一个聪明的人在住进一家酒店的时候,总是要先看一看它的消防通道在哪儿;一个成功的商人在进入一个领域之前,首先会想一想如何能够脱身;对于投资行业来说,一个成熟的投资者也是如此,在买进一项投资产品之前就已经知道了何时把它卖出。

"股神"巴菲特购买股票的眼光独到是众所周知的,但很多人却忽略了,他在卖出股票时的智慧也是超出于一般人的。巴菲特在购买一只股票之前会先为其制定了一个标准,而当他持有时,会不断用他之前制定好的标准来衡量他已经入股的企业的质量。当这一只股票不再符合他的标准时,无论形势有多好,他都会毅然决然地把它卖掉。

巴菲特曾说过:"不管你在一笔投资中获得了多大的利润,一旦在它出现问题时你没有及时退出,那么你之前获得的一切都会化为乌有。"我们从不曾看过这位投资大师任何被套牢的状况,因为他从不会在不知道何时退出的情况下就盲目进入。

2000年,巴菲特的伯克希尔公司与证券交易委员会的往来文件揭示出,它正在将它持有的迪斯尼股份逐渐减持,这引起了很多股东的质疑。在2002年的伯克希尔年会上,一些股东问巴菲特为什么要卖这只股票,因为在他们看来迪斯尼公司有着很好的前景,现在正是获利的好时机。但永不评论自己的投资是巴菲特的原则,他只是含糊地解释道:"我们对这家公司的竞争力特征有一种看法,现在这个看法变了。"

因为在巴菲特看来,迪斯尼公司已经不再适应他当初为其制定的标准了。迪斯尼已经迷失了前进的方向,它不再是那个制作《白雪公主和七个小矮人》这样永恒经典的迪斯尼了。迪斯尼当时的首席执行官迈克尔·艾斯纳的个人偏好,让巴菲特感到非常不安。那几年迪斯尼公司在网络竞争中挥金如土,把大把资金投入像Goto.com搜索引擎这样的网站中,并且购买了像搜信(InfoSeek)这样一些亏损的公司,这些做法都让巴菲特认为该是撤离的时候了。

市场是捉摸不定的,投资市场更是风云诡谲。很多投资者并没有足够的能力来应对市场的突发事件,那么就只好先找出一条逃生的道路,以便在灾难到来之前能够安全地撤离。对此,巴菲特在退出时机的把握上遵循的原则是值得我们借鉴的。

第一,先设定一个标准,当投资对象不再符合标准时立即撤离。比如上面提到的,巴菲特出售迪斯尼的股票,就是在他认为迪斯尼公司已经偏离了轨道的情况下作出的决定。

第二,先估算出一些突发事件,当预料到的某个事件发生时立即撤离。由于应对风险的准备非常完备,因此巴菲特在很多突发事件来临的时候也能很好地应对,以最小的代价换来最好的结果。2001年的9·11事件发生时,巴菲特旗下的伯克希尔公司正重仓持股的《华盛顿邮报》、美国运通公司,以及和它有密切业务往来的花旗银行集团等都在世界贸易中心办公,这次恐怖袭击给伯克希尔公司带来的损失可想而知。但是由于巴菲特之前就对突发事件有了估算,因此得以在很短的时间内制定出一系列清晰合理的措施,最终以很小的代价降低损失。

第三,先设定一个目标点,当目标得以实现时立即撤离。投资领域有一个名词叫做止盈,讲的是这样一种做法:投资者会首先估算出某项投资的目标价格,一旦达到目标价格就退出市场。

止盈又分静态止盈和动态止盈。静态止盈是指设立具体的盈利目标位,一旦到达盈利目标位时,要坚决止盈;动态止盈是指当投资的股票已经有盈利时,由于股价上升形态完好或题材未尽等原因,投资者认为个股还有继续上涨的动力,因而继续持股,一直等到股价出现回落,当达到某一标准时,投资者采取获利卖出的操作。

这个理论运用到实际投资上,就是巴菲特的老师格雷厄姆的具体做法。格雷厄姆最擅长的就是购入价格远低于其内在价值的股票,然后在它们的价格回归价值的时候卖掉它们。

第四,采用机械性法则。比如,设定比买价低10%的止损点或通过跟踪止损点(trailing stop,在价格上涨时相应调高,在价格下跌时却保持不变)来锁定利润。机械性法则最常被遵循精算法的成功投资者或交易者采用,它源自于投资者的风险控制和资金管理策略。

第五,在认识到自己犯了足以影响全局的错误时立即撤离。每个投资者都不可能完全不犯错误,"股神"巴菲特也不例外。但能够在犯错误之后及时察觉并作出快速反应,从而把损失降到最低,这就是"股神"的独到之处了。

沃伦·巴菲特1961年用100万美元控制了登普斯特·米尔制造公司。这家公司位于一个离奥马哈144公里远的小镇,生产风车和农用设备。那时候,巴菲特使用的是格雷厄姆式的购买"烟屁股"企业的策略,而登普斯特就属于这种企业。作为控股股东,巴菲特成了董事长,他每个月都得恳求管理者们削减日常开支并减少存货。虽然他们嘴上答应得好好的,心里却盼着他赶快回奥马哈。当巴菲特意识到他收购这家公司是个错误后,他立即决定将它卖掉。

退出投资市场的策略不一而足,但它们都有一个共同点,就是对于投资者来说,退出是不应该附带任何个人感情因素的。也就是说,作为一个成熟的投资者,我们所关心的问题不应是自己能够在投资中赚多少或赔多少,而只是遵循既定的投资策略,退出只不过是这个策略的一部分罢了。

一个成功的退出策略是在投资者进行投资之前就已经预定好了的，它是一个投资者投资经验和投资思维的直接产物。因此，对于一个刚刚入行的投资"小白"来说，掌握退出策略是保护利润和避免损失的不二法宝。所有人都知道，投资的成功依赖于"甩掉损失，让利润增长"，而进入投资之前就先想退出策略正是这句话的引申意思，正是因为这句话，巴菲特才建立了一个使他得以成功贯彻这一法则的系统。

要知道，在投资市场上，不只有损失会让投资者紧张而丧失理智，收益也可以做到这一点。当一笔投资小有盈利时，投资者就会开始梦想着更大的回报，也由此陷入了投资的陷阱；还有一些人是在获得利益之后担心它会化为泡影，为了消除这种担心，他脱手了，但也失去了进一步盈利的机会。这两种做法都是极不可取的。投资应该作为一门技术来展开，既然是技术，就应该有必须遵循的规则，未进入之前先想好退路就是这些规则中的一条。

没有想好退路，行为就会变得盲目，不是退得太晚被套牢，就是退得太早失去了机会；没有一贯坚持的退出原则，在面对是否兑现利润或接受损失的问题时就容易被紧张情绪所支配。很多投资者在所投资的商品价格一路下跌的过程中，还不断地寻找新借口，做自欺欺人的安慰，说服自己坚持下去，就是由于这个原因。

因此，只有制定好自己的退出策略，才能在关键时刻避免决策失误。要知道一个投资者可以无限期地推迟一笔投资，却无法回避兑现利润或接受损失的决策。

第二课

理 性

——拒绝投机，坚持独立思考

不做没有理性的投资

巴菲特曾经说过这样一句话："由于投资者的理性是有限的,在其投资决策过程中常常会受到各种心理因素的影响,导致出现大量认知和行为的偏差,通俗地讲,就是智力正常、教育良好的聪明人却经常做傻事。"

每一个投资者进入市场所追求的无非都是利润, 而在追求利润的同时,都要面对规避风险。这时,投资者除了需要有一定的专业知识和运气之外,还要时刻保持理性的头脑。每个投资者的心理都可能会受到各种因素影响,如性格、地域归属感、行业归属感、个人情感等,在这些因素的影响下,投资者想要保持理性是非常困难的,于是便会退而放低对自己的要求,以至最终产生了很多的不理性行为。

我国前两年的股市震荡就很好地说明了这一点。据事后估算,当时股市中有70%以上的投资者都是没有经历过"熊市"考验的新人,这些人连基本的公司财务状况都不了解,连年度报表都看不懂,完全就是在跟风炒作,没有任何独立思考的理性,最后被套牢也就成了必然结果。

巴菲特的导师格雷厄姆曾经给出过有关于成功的投资者的定义:"成功的投资者往往是那些个性稳定的人, 投资者最大的敌人不是股票市场,而是他自己。即使投资者具有数学、财务、会计方面的高超能力,如果不能掌握好自己的情绪,仍难以从投资行动中获益。"

曾经有一家专业机构统计过投资者的非理性表现,他们将这些表现一一罗列,其中重点有以下几项:

　　首先,过度自信。在投资领域,造成非理性行为的第一大因素无疑就是投资者的刚愎自用。人们总是对自己的知识和能力过度自信,在投资过程中,投资者往往过于相信自己的判断能力,高估自己成功的机会,认为自己能够"把握"市场,而低估了运气和外部环境在其中的作用。

　　过度自信的产生有其深刻的心理学基础,证券市场巨大的不确定性使投资者无法做出适当的权衡,非常容易出现行为认知偏差,过度自信就是这种偏差的一种表现。最典型的过度自信的投资行为就是过度交易,推高成交量,导致高昂的交易成本,从而对投资者的财富造成损失。

　　其次,从众心理。在不懂投资的人群中,拥有从众心理的人占了很大的比重。因为人总有一种潜意识,认为人多的地方总是安全的,这也就造成了投资"小白"在不知所措时的第一选择往往是跟着大家走。此时,他们往往趋向于忽略自己有价值的私有信息,而选择跟从市场中的大多数人。但这些人却没有想过,如果从众能够赚钱的话,那岂不是市场上每一个人都能够发财了吗?

　　第三,过度反应和反应不足。过度反应是指投资者对最近的公司信息赋予过多的权重,而忽视了对长期趋势更具代表意义的历史信息,导致对近期趋势的推断过度偏离长期平均值。最后,投资者经常在各种消息的影响下过度悲观或乐观,导致证券价格过度涨跌。

　　反应不足是指投资者低估了最近获得信息,处于保守状态,对某些信息反应冷淡,甚至没什么反应。本来属于"大"的利好或利空消息,在消息公布时,却得不到市场的回应,或是市场反应微弱。

　　第四,对损失的心理逃避。心理学研究表明,坏的情绪比好的情绪更具有影响力和持久性,在投资中也是如此。研究发现,同等数量的损失带来的负效用为同等数量的盈利的正效用的2.5倍。损失厌恶(指人们面对同样数量的收益和损失时,认为损失更加令他们难以忍受)导致投资者放弃一项资产的厌恶程度大于得到一项资产的喜悦程度,这就使投资者更愿意维持现状。同时,投资者也会因此而过于强调短期的投资亏损,而不愿长期持有股票,更愿意投向稳定的债券,这样也就错过了长期的巨大盈利机会。

第五,选择性偏差。选择性偏差是指这样一种认知倾向:人们喜欢把事物分为典型的几个类别,然后,在对事件进行概率估计时,过分强调这种典型类别的重要性,而不顾有关其他潜在可能性的证据。选择性偏差势必使人们倾向于在实际上是随机的数据序列中洞察到某种模式,从而造成系统性的预测偏差。大多数投资人坚信"好公司"就是"好股票",这就是一种选择性偏差,这种偏差的产生是由于投资者误把"好公司"的股票混同于"好股票"。其实,好公司的股票价格过高时就成了"坏股票",坏公司的股票价格过低时也就成了"好股票"。

当然,在现实的投资市场上,导致非理性行为的原因绝非只有这几项,这些原因紧密地联系在一起,在人群中扩散,就形成了整个市场的非理性。因此,如何去除投资当中的非理性行为,就成为了投资者是赔钱还是赚钱的关键。那么投资者又该采取什么办法避免非理性投资行为的发生呢?

首先,投资者应该对所要投资的领域做深入的了解,不要太高估自己的能力和运气。实践这些的第一步就是学习相关知识,懂的知识越多,受内心不理智行为的影响就越小。因此,熟悉了解相关的投资领域是很必要的。参加投资培训课、阅读投资的书籍、和一些成功的投资者聊一聊经验等都是不错的选择。如果细心地观察,也许会发现,很多成功的投资者其出手的领域其实只限于很小的范围,这就是源自于他们对这些领域的熟悉。

其次,投资者要慎重决定、大胆执行。投资不同于投机,它是一个长期的过程,因此订立一个长期的投资目标是非常必要的。在订立目标的过程中一定要慎之又慎,多思考、多求证,而且目标确定下来,就要大胆实施,除非发生重大的问题,一般是不需要对目标进行修改的。而很多初入市场的投资者的做法却正好相反,他们在出手的时候很痛快,持有的时候却犹犹豫豫，最后"小伤变大病"，让钝刀子把本钱给割光了。

第三，注意搜集与个人意见相悖的资料。独立思考有一个缺点，就是容易出现思维盲点，很多低级的错误也会被忽视，因此理性的投资者是会合理看待反对意见的。经常思考一些反对意见，并与持反对观点的人进行讨论，这样才能让投资者考虑尽量周全。

多元市场分析是时下很流行的一种投资分析思路，它通过对股市、债市、期货、外汇等多个市场走势互动关系的分析，更准确地把握特定市场的走势。更重要的是，也许能够因此看到其他市场反映出的迥异的现状，比如当自己认为经济正在复苏，股市将受惠于此而继续上涨时，却发现更能反映市场对于经济复苏预期的中长期债券收益率却在掉头向下，这时候就该反思此前的经济复苏预期是否正确，从而避免盲目的自以为是。

第四，长线投资，不要只盯着眼前利益。市场的短期变动是很有欺骗性的，如果投资者只盯着眼前的形势看，就很容易忽视全局的发展。而且，眼光太窄还容易被市场的整体动向所影响。要知道，在投资市场上，从众心理也是主要的非理性行为之一。因此，作为一个理性的投资者，在制定了一个长远的投资目标以后，就不应再过多关注眼前的小状况了。

第五，投资者要学会掌控自己的情绪。当投资处于决策的关键时刻时，不妨先冷静下来整理一下个人的情绪，把头脑中的干扰因素全都排除出去，无论是令人高兴的，还是让人沮丧的，因为只有冷静无杂念的头脑才能做出理性的决策。

想要在市场上无往不利，投资者首先要认清自己的才能，充实自己对于投资市场的了解，加深对于投资产品的认识，千万不要去做非理性的投资。巴菲特指出："一个投资者必须既具备良好的公司分析能力，同时又具备把自己的思想和行为同在市场中肆虐的极易传染的情绪隔绝开来的能力，才有可能取得成功。在我与市场情绪保持隔绝的努力中，我发现将格雷厄姆先生的故事牢记在心非常有用。"

第二节

保持冷静，市场过热时头脑不热

2007年10月24日，"股神"巴菲特造访中国大连，现身他参与投资的IMC国际金属切削(大连)有限公司的开业仪式。仪式过后，他接受了一些媒体的采访，在面对其清仓中石油股票后的关于中国股市的问题时，巴菲特表现得很谨慎。他对中国当时的股票热表现得兴趣索然，并没有太多的向往，反而告诫投资者们尽量不要被眼前的利益所主宰，在过热的市场面前要保持冷静，认清股市的真实价值在哪儿，并仔细评估自己的投资。

除了当初购进中石油的股票之外，巴菲特并不十分热衷于中国的股市，他称自己对中国的投资市场并不了解，因此忌讳盲目投资的他暂时还不会在中国股市上有所作为。但同时巴菲特又表示，他最近也会时常留意中国投资市场的动态，他说："中国股市表现非常强劲，当越来越多的人醉心炒股，他们应注意的是用什么价钱去购买，而不应兴奋过度，因为不同国家的股市总有一天会走到极端，就像美国高科技热潮。我比较谨慎，当很多人对股市趋之若鹜，甚至报章头版都刊载股市消息时，就是该冷静时候了。"

果然，"股神"的预言一语成谶，在经历了两年的暴涨之后，2008年，中国股市崩盘了。

巴菲特在2007年说出上面那段话的时候，还有人在笑他傻，骂他不了解中国国情，但到了2008年，这些人就再也笑不出来、骂不出来了。曾经的上海A股在两年内上升了5倍，面对如此高通胀和形势一片大好的股票市场，越来越多的人把钱放进股市，希望赚取更高的回报。但事后证明，这过热的市场不过只是一片泡沫，狂风一来，一切就都化为乌有。

我国的投资市场化起步较晚，仅有区区20年的时间。在这么短的时间里，就建立起如此庞大的一套市场体系，我们在自豪和骄傲的同时，也应该为因仓促而造成的一些市场隐患担忧。股市历来就是个变幻莫测的地方，再加上建立时间短、经验不足等原因，导致我国的股市非常不稳定。从上个世纪90年代中期的大牛市到90年代末的突然崩溃，从2001年到2006年股市的持续疲软到2007年的大牛市，还有2008年黄金十年论泡沫的破灭、股灾的到来，都深刻地印证了这一点。

我国投资市场有许多的不完善之处，这就客观上为一些人创造市场狂热气氛提供了机会。且就投资本身而言，它对于我们很多的国民来说是一个新鲜事物，很多的投资者在进入市场之前并没有得到过良好的投资教育，再加上人天生的私欲，也可能会造成短时间内投资市场火热的局面。

对于我国投资市场产生火热景象的原因，有些媒体分析得相当透彻：

其一，我国的投资市场本来就是一个政治博弈的市场。由于种种原因，我国在与投资市场直接联系的金融等方面的市场化进行得并不是十分彻底，这些领域受政策的导向影响非常严重，这也就导致投资市场成为了政治博弈的舞台。很多时候，中国的投资局面讲的不是资金动向，而是对政策的理解能力，这也就给很多人进行市场投机、拉高市场行情以牟取暴利留下了空子。

其二，我国的投资市场起步较晚，投资形式并没有达到西方那样多元化的程度，我国的投资者大部分都还集中在比较原始的现代化投资领域——股市当中。投资股市就是投资上市公司，但要知道，我国的上市公司自身还存在很多缺陷，如管理层的道德风险难测、信息公布不透明等，再加上对上市公司的监管才刚刚起步，很多细节方面还不能做到最好，这也就进一步增加了我国股市的不稳定性、不确定性。

第三，我国的投资市场上多年来产生的赌博风气根深蒂固，说得直接一点，有些投资者与其说是在投资不如说是在投机。这些人做着发财的美梦，揣着钱进入投资市场妄图一夜暴富，他们频繁地炒作、换手、打探和传播所谓的"内幕消息"，这在无形之中也给市场造成了虚假繁荣的景象。这就好似一家店铺本来很少人光顾，但老板从外边雇佣了几个"托儿"回来，频繁地进出，这样也会给人造成顾客盈门的错觉。

无论是上述哪一种原因，市场的火热局面一旦形成就很容易给人带来错觉，让人感觉投资市场是一个聚宝盆，只要把钱放进去就能加倍地拿回来。于是，信心、贪欲和市场假象产生恶性循环，使股市这个雪球越滚越大，但太阳总归有出来的那一天，假象是维持不了多久的，到时吃亏的就是那些为市场的狂热气氛所感染、盲目投资的人。

"我喜欢人弃我取，很高兴当年能发掘出中石油，现在要物色这类价值被低估的股票要比数年前困难，中国的股市太热了。"巴菲特惋惜地说。他同时又告诫投资者，不要因错过狂热的升浪而遗憾，要知道，在这些狂热的浪潮背后，很可能就是一条吃人不吐骨头的大白鲨。巴菲特说："买股票不是追逐潮流，最好是先保持冷静，看到市场过热的第一个做法就应该是先把自己弄冷。"但他也明白，多数人是不喜欢听他这些意见的。

但是忠言逆耳啊！很多我们不愿意听到的预言往往都成为了现实。因此，在面对这些"不中听"的话时，我们的第一反应应该是先判断一下他说的对不对，仔细思量一下是否真的该依照这逆耳的忠告去行事。

第三节

研究股票而不是投资机构的动向

巴菲特曾说过这样一段话："市场上有些所谓的专业投资人士，他们掌管着数以亿万计的资金，就是这些人造成了市场的动荡。他们不去研究企业下一步的发展方向，反而钻研其他基金经理人的下一步动向。对他们来说，股票只不过是赌博交易的筹码，就像是'大富翁'里的棋子一样。他们的做法发展到极致，便形成所谓的投资组合保险，一个在1986年到1987年年间广为基金经理人所接受的一种策略。这种策略只不过是像投机者停损单一样，当投资组合或是类似指数期货价格下跌时就必须处分持股。"

投资股票的利益主要来自于两个方面，一方面是持有股票所带来的收益，即股东分红或利润分成；另一方面则是在股票升值的过程中赚取差价。而后者往往是很多股民的主要目的。

但如果想靠股票升值的差价获得利润，就必须确保买进的股票能够卖得出去，因为无论差价多高，如果没有买家也是赚不到钱的。于是很多股民就产生了一种心理，即无论这只股票是值还是不值，只要自己认为会有人在升值之后把它买走，就会义无反顾地选择投资，但这样也正好犯了投资领域的大忌。

对此，巴菲特曾告诫投资者说："如果你认为那些主力机构是从事投资的，那你就大错特错了。打个比方，一个有理性的人在买下某个农场之后，是不会委托不动产经纪人四处打听会有谁要买自己手上这家农场的。又有谁听说过,一个人只是因为隔壁的农场最近卖出的价格更低一些,就急于想把自己所拥有的农场也卖掉的呢?或者是在几分钟前说他隔壁的房子以比之前更便宜的价格卖掉了,他也就马上考虑是不是也应把自己的房子卖掉,以防贬值得更厉害呢?"

巴菲特说这句话的意思无非就是想表明,类似于他举例中卖农场、卖房屋的做法是十分愚蠢的,但这些愚蠢的理论却正是那些主力机构或投资顾问想要投资者采取的。因为一旦市场中出现了类似于巴菲特例子中的行为,投资市场就会陷入混乱,投资者的内心也会十分焦虑,这十分有利于他们浑水摸鱼。但不幸的是,很多投资者都会上这样的当。

对此,巴菲特认为,作为一个理智的投资者,在买入股票之前必须仔细研究它的价格,衡量一下是否合理。只有买入价格合理,才能谈得上获利回报。而判断买入价格是否合理,关键要看股票的内在价值,而不是看什么主力机构的炒作动向。道理很简单,相对于主力机构来说,个人往往处于弱势和被动的地位,主力机构可以自己选择炒作的方向,而个人却只能选择跟从。因此,主力机构一旦出现故意放空或者抬高的行为,忽然选择买进或者撤离,对于个人来说,想要掉头调整是完全来不及的,而此时他们自然也就成了这些主力机构的顶缸者。

巴菲特在1987年伯克希尔公司的年报——《致股东的一封信》中曾这样说道:"1987年美国股市的表现非常精彩,可是人们到最后才发现股指并没有上升多少,道·琼斯工业指数全年只上涨了一点。现在回过头来看,这一年的股票指数像极了游乐园里面的过山车,10月份以前一路窜高,然后就突然收敛了下来。而产生这个现象的原因就在于,现在的股市中有一些所谓的专业主力机构,他们募集来亿万资金,并把这些资金集中投入到很少的股票上面,做空或者拉高这些股票,最终造成市场动荡。这些主力机构是不会去研究所购买的公司的经营情况和发展方向的,他们所要研究的就是普通投资者的心理,他们把主要精力用在研究市场下一步的走向上面,利用人们的欲望达到自己的目的。对于他们来说,股票只不过是一种赌博交易筹码而已。最后,他们还推出了一种更为复杂的赌博策略,这种策略已经为各种主力机构所普遍接受了,它就是所谓的投资组合。当股市下跌到一定幅度时,这种投资组合就会涌出一大堆卖单,推动股市进一步下跌。例如,在1987年10月,这笔资金的规模高达600亿到900亿美元,随时随地都有可能成为股价迅速上涨或下跌的推动力。"

称这些主力机构是投资市场的害虫有点不合适,因为市场是开放的,允许任何人自由买卖、进出,无论是个人还是机构,在其没有触犯法律和市场法规之前,我们是没有资格把它赶出市场的。因此,为了避免被这些像大鱼一样的主力机构当成"虾米"吃掉,作为投资者的个人就应该时刻警惕,强化自己的投资理论和技巧。

在巴菲特看来,用期待主力机构买进的心态来购买或者持有股票是完全错误的,股市的上下波动是正常的,而投资者是很难确定主力机构的下一步动向的。因此,理性的投资者不应当因为股价波动而轻易地买进卖出股票,唯一能够作参考的,应当是股票的内在价值,以及股票自身的发展趋势。

巴菲特曾说过:"只要投资者能够坚持自己的投资理念,那么事实上由手握重金的基金经理人所造成的市场波动,反而能使得真正的投资人有更好的机会去贯彻其明智的投资行动。只要他在面临股市波动时,不会因为财务或心理因素而被迫在不当的时机出脱手中持股,他就很难会受到伤害。"

在2006年伯克希尔公司的年报即《致股东的一封信》中,巴菲特曾以这样一个人为例,这个人就是他的老朋友沃尔特·许洛斯。巴菲特说:"早在50多年前,当时有一家位于圣路易斯的机构希望我能够为他们推荐几位既诚实又能干的投资经理人,而我向他们推荐的唯一人选就是沃尔特。当知道沃尔特没有上过大学商学院,甚至没有读过相关专业时,他们都露出了惊讶的表情,但他们还是听从了我的建议,事实也证明了他们的选择是对的。从1956年到2006年这50年间,沃尔特一直掌管着这个十分成功的投资合伙事业,而他同期的业绩也远远地超过了市场的成绩。

"沃尔特是个坚持原则的人,他的原则是,为合伙人进行投资就一定要赚钱,否则他自己将分文不取。那么,他又是如何来操作股票的呢?你们可能不知道,沃尔特从来就没有聘请过任何秘书、会计或办公室人员,他唯一的员工是他的儿子爱德文,一名艺术专业的硕士。沃尔特和他的儿子也从来不打听什么小道新闻、内幕消息,甚至连公开的信息也很少关心,他们完全采用他与本杰明·格雷厄姆共事时的一些统计方法,归纳起来就是简简单单的一句话:努力选择到便宜的股票,然后持有它等着升值。在他们看来,那些所谓的现代投资组合理论、技术分析、总体经济学派及其他复杂的运算方法都是多余的。在沃尔特50年的投资生涯中,他所购买的股票大多数在当时都是冷门股票,但他取得的业绩却是十分惊人的,大大超过了同期标准普尔500指数的增长速度。"

由此,我们应该明白,对于成熟的投资者来说,重点放到投资物本身才是正道。要是你种下的苹果树连你自己都不好好看着,那还能指望谁来接手呢?

第四节

从不相信消息，坚持独立思考

巴菲特说："作为一名职业的投资管理人，我从没有让其他人左右过我的思维。我从来没有考虑过什么内幕消息、小道新闻，我永远独立思考并相信自己的判断，坚持自己的理论。"

投资市场上总是存在着一些所谓的"内幕消息"，这些消息也常让一些投资者困扰不堪，若是不信，可空穴来风，未必无因；若是相信，又很可能误入别人的圈套。信与不信，真是无从选择。

炒股的黄先生就特别喜欢打听内幕消息，但凡周围有哪个消息灵通人士的聚会或饭局，黄先生从来不会缺席，甚至有的时候不请自来，上赶子和人套交情，弄得大家好不尴尬。但黄先生却乐此不疲，他总说："一个好的内幕消息顶得上忙活好几年的。"

功夫不负苦心人，终于有一天，有位朋友告诉他最近有医药版的某某公司的股票会有情况，有大的操盘手将强力拉涨停，让他注意观察。黄先生一听这消息，顿时激动不已，将家里所有的钱全部买了这只股票，并且还发动亲朋好友一起买。

买过之后，黄先生就开始等着这只股票大涨。但等了半个多月，也不见这只股票有什么大的动静，总是在上下两个百分点浮动。黄先生开始有点按捺不住了，于是再次请教那位朋友，朋友给他的回复是"耐心点，就快了"。果然，一个礼拜之后的星期二，这只股票开始一路攀升，到上午收盘时就接近涨停了，黄先生也开始沾沾自喜，为自己拿到这个"内幕消息"而庆幸。但好景不长，下午一开始，这只股票就开始走低，一路下跌，到下午收市时不但没涨，总体上还跌了五个百分点。往后的几天，这只股票都是如此，只见绿不见红，不用说，黄先生被套牢了。现在每天看着手中这只垃圾股，听着亲戚朋友的埋怨，黄先生真是后悔莫及！

人总是妄图通过某些"捷径"、"后门"来代替努力，获取额外的收益，这也正是投资市场上很多人热衷于追寻"内幕消息"的原因。但试想，如果"内幕消息"能够传播出来，那它还有什么"内幕"可言呢！再退一步想，就算真的有内幕消息，但获得它就真的能够给自己带来利益吗？

电影《窃听风云》讲的就是关于内幕消息的故事。香港商业罪案调查科的几位调查人员在调查某集团的大股东、几宗内幕交易以及造市案的时候，自己却被窃听来的消息所迷惑，在一番公理与私欲的挣扎之后，几位调查人员选择了屈从私欲，合伙利用内幕消息牟取暴利，最终纷纷走上了家破人亡的绝路。

电影中的情节虽然夸张，但也为我们敲响了警钟。一两则"内幕消息"确实能够暂时让你获利，但一个不慎就容易让自己陷入进退维谷的境地。看看我们周围的股民，每次牛市里层出不穷地传出"某某股票即将连拉多少个涨停板"的内幕消息时，不知道有多少人为之疯狂不已，但结果又如何呢？这些人大部分都成了庄家操纵股票的牺牲品。

其实，真正的投资大师，是从来不靠打听"内幕消息"过日子的，他们的成功与所谓的"内幕消息"一点关系都没有。巴菲特就曾公开说，自己对任何类型的预测和所谓的"内幕消息"没有任何兴趣，而他所有的投资消息的来源是股市上每个股民都可以轻易获得的，那就是上市公司的年报。他曾经告诫那些希望通过各种所谓"内幕消息"以牟取暴利的投资者说："就算有足够的内幕消息和100万美元，你也可能在一年内破产。"

喜欢到处搜集"内幕消息"仿佛是刚刚入行的投资"菜鸟"们的通病，但同时也是他们赚不到钱的原因。因此，一个投资者走向成熟的标志就是能清楚意识到内幕消息的不可靠，将自己的主要精力放在对股票的研究上，刻苦学习，独立思考。

巴菲特曾说过："股票市场中的大部分人是根本不思考的，他们每天想的都是不劳而获、参考。他们到处打听市场上流传着什么消息、专家们是什么意见、大盘的走向又会怎样，他们只想参考别人怎么做，然后去模仿、跟随。因此，作为独立思考的人，你在起点上就决定了你会比他们成功。我最崇拜的是我的老师格雷厄姆，有一次他告诉我：'如果你想要在华尔街取得成功，一定要做到两点：要正确思考，但是只做到正确思考是不够的，你还得做到独立思考！'"

我们可以学习"股神"的精神，但具体情况具体分析，面对我国的投资市场，我们应该如何去独立思考呢？

首先要学习。学习是对知识的储备，是思考的基础，没有经过学习的思考只能是胡思乱想，这在投资领域更是不可取的。所以作为一个投资者，首先应该充分学习投资领域的基础知识，做到根基牢固，不用事事都去请教别人，这样才能充分理解问题，也才能把问题想得明白。

第二，分析企业。投资者要对所要投资的领域有所了解，就应知道自己投资的公司所在的行业是一个什么样的状况。我们现在经常在说什么行业是朝阳产业，什么行业是夕阳产业，这对于我们对市场形势的判断是非常重要的。

第三，分析投资公司的状况。这一点是最为重要的，因为公司是与投资者的投资挂钩的，可以说公司经营状况的好坏直接关系到投资的成败。因此，投资者一定要对于自己投资的公司有充分的了解。但现实是，我们很多中小投资者是不可能有机会到上市公司作实地考察的，因此，整理投资公司的报表以及通过报道、网络、电视来收集上市公司的相关信息就显得尤为重要了。

第四,掌握和分析国家的宏观政策。我国的股市才刚刚起步,政策对于股市的导向作用是非常大的,这就要求投资者要紧抓国家的宏观政策,一方面要对国家宏观经济的宏观走势、GDP、CPI、通货膨胀率、就业率、国家进出口状况等做到心中有数;对与股市相关的金融调控手段有所了解,比如要关注国家的存款准备金利率是下降了还是上调了,国家现行的货币政策是稳健的还是相对紧缩的,等等。

"任何一项投资的决策都需要独立的思考,买股票只是一瞬间的事,但做决定时,你却必须先把买这只股票的理由一条条地列出来摆到桌子上面,这才是一个成熟的投资人该有的做事风格。"巴菲特如是说。

第五节

投资不要草率行事，要三思而行

相信很多投资者都有过这样的经历，进入股市一段时间以来，关注和购买的股票不少，其中也出现过暴涨的局面，但总的算下来却发现非但没有赚到多少钱，反而亏了不少，但具体亏在哪一只股票上，又说不出来。

这样的现象，无论是在中国还是外国都是十分常见的。对此，巴菲特说："某些投资人总是想要买进太多的股票，却不愿意耐心等待一家真正值得投资的好公司。每天抢进抢出可不是什么聪明的办法……近乎怠惰地按兵不动，正是我一贯的投资风格。"

巴菲特认为，股市是非理性的，所以在选择买入股票的时机时，要能做到抗拒诱惑、以静制动，只有这样才能把握投资机会。而绝大多数投资者，都很难抵抗诱惑，结果呢？虽然在股市里不断抢进抢出，忙得焦头烂额，最终却没有什么收获，甚至还会亏损。这就是股市中为什么赚钱的人少、赔钱的人多的真正原因。

这里有个例子很好地表现了投资者的这种行为：2007年，有个人看到身边的朋友投资赚钱便也想学着炒股，于是向朋友请教挑选股票的方法。朋友面对他的问题哈哈大笑，说："哪有什么方法啊，看到别人怎么买自己就怎么买呗！"这人听了觉得不明白，于是朋友就向他"指点"道："我通常都是打电话给一些消息灵通的朋友，朋友说什么股票好，有消息，有人做,我就买什么;有时候则是看报纸和电视台上面的股评,看那些专家介绍什么就买什么;再有就是上网,去贴吧里看网友们都有什么推荐,觉得不错的也可以买。"

这人一听立刻就呆在当场,问朋友说:"你买股票用的可是真金白银啊,这样胡乱地买,万一亏了可怎么办啊?"朋友却大大咧咧地答道:"反正我也没打算做长线,拿到手里一看形势不好就立即出手呗,亏也亏不了多少,赚到了一个涨停板可就是不少钱啊!"

在现实中,我们也经常见到这样的投资者,他们选一件衣服、买一张椅子都会跑好几家商店,挑来挑去,但在选择股票的时候却十分草率鲁莽,甚至有时去超市买一卷卫生纸都要比选择股票花的时间多。这是为什么呢?答案就在上面最后那句话中。这些人买东西是为了长期使用,但买股票却是为了赚取差价,因此在他们看来,越是走短线越是容易赚钱。市场上就有人把这种短线投机的行为形象地比喻为"击鼓传花"。我们小的时候应该都玩过击鼓传花的游戏:当鼓声响起时,每个人都飞快地把花传给下一家,生怕鼓声停止时,花留在自己的手上。对这些做短线的人来说,股票就是他们手中的花,鼓声就是上涨的行情,在鼓声中利用股票的传递牟取暴利,在鼓声停下来之前将股票抛出,这就是游戏规则。

因此,这些人从来就没有"持股"的概念,任何股票在他们的眼里都只是一个赚钱的工具,他们把股票当做"绑上蜜糖的定时炸弹",谁都想在上面沾上点甜头,但又怕鼓声停下之后被炸到。于是,我国就发明了一个词语来形容这些人盲目做短线的行为——炒股,而这些炒股的人所进行的不是投资,而是投机。投机是投资市场上的大忌,投机行为本质上就是赌博。在短时间内,凭借运气或者所谓的"内幕消息",投机行为也许能够暂时有所收获。但从长远的角度讲,在投资市场上还没有谁能够靠投机取得好的收益呢!巴菲特就曾说过:"没有任何人能够像蜜蜂从一朵小花飞到小花一样频繁买进卖出股票,然后还能取得长期的投资成功。"

当然,有人可能会说,自己就是凭借这个手段赚到钱的,那也只能说你的运气真的很好。我们都知道,从2005年6月到2007年年底,中国经历了前所未有的大牛市,进入全民炒股的时代。在那个疯狂的时间段里面,确实有很多人取得了比巴菲特还好的收益率,但可以说这种短线炒股的做法是实用有效的吗?我们先看一项调查:

在2006年股市疯涨的时候,《中国证券报》与大智慧信息技术有限公司联合举办了一项名为"2006年度投资者收益情况网上有奖调查"的活动,活动收到反馈的调查问卷一共7735份。

这超过7000份的调查结果显示,虽然2006年度全国的大盘指数涨幅已经接近100%,但在投资者中却有70%的人收益率只在20%到50%之间,而21%的投资者只有10%左右的收益,而接近大盘和超过大盘涨幅的投资者只占了不到5%。这些调查者当中,有接近80%的人都承认,自己在选择买进和卖出股票的时候都没有经过深思熟虑,非常草率;而那些收益最高的投资者也说,他们大多是在股市中浸淫了很久的老股民,在选股和卖出的时候都非常谨慎,尤其是选择股票时,都曾经做过非常详细的分析。

这些调查向我们揭示了一个信息,在市场形势一片大好的时候,轻率短线的投资者的收益尚且不及市场的平均水平,一旦出现熊市,恐怕这些靠运气和"内幕消息"炒股的人就要吃亏了。该调查同时还表明,在一个相对比较长的时间段内,炒短线赚钱的几率是要远远低于亏钱的。原因很简单:他们根本不研究公司的具体情况,也不知道自己持有的股票的内在价值是多少。他们每一次轻率地买进卖出,其本质就是在进行赌博。所谓久赌必输,这样的投机行为必定会在股市中惨淡收场。

同样是对中国市场的投资,巴菲特就很好地为我们上了一课:2003年,巴菲特投资中石油H股一时掀起轰动,因为中石油H股是2000年在香港上市的，当时这只股票并不为人所看好，上市不久后就跌破发行价。但巴菲特却敏锐地发现了它的价值，在2003年4月，中国股市还非常低迷时，巴菲特以低价强力购进中石油H股，在几个月内迅速成为中石油第三大股东，最终也凭借这只股票赚了28亿港元。

但这只是故事的前半段。2005年随着中国股市的升温，很多人对股市的紧张状态开始放开，纷纷投资。但这时的巴菲特却变得谨慎了起来，他面对中国全民炒股的局面，没有轻率地投资于任何一只股票，而是将全部的精力放在对中国经济发展的研究上面。经过一番深思熟虑和小心求证，巴菲特再次作出了一个让人震惊的决定，他不但没有购买任何一只股票，还将手中持有的中石油H股全部清仓，悄然离开了中国股市。

而中国股市的后续发展也再次印证了"股神"的明智。在其离开中国股市一年以后，中国就爆发了前所未有的股灾，很多人的收益连同本金一起化为乌有。

为什么巴菲特会在一片大好的局面下选择离开呢？这就是巴菲特的谨慎小心在起作用了。这是2007年巴菲特离开中国股市之前接受采访时说过的一段话："是的，我建议要谨慎。任何时候，任何东西，在巨幅上涨的时候，人们就会被表象所迷惑。我不知道中国股市在明后年是不是还会涨，但我知道价格越高越要加倍小心，不能掉以轻心，要更谨慎。"如果当时那些轻率的投资者能够仔细思量一下巴菲特的这段话，多少家破人亡的惨剧是可以避免的啊！

第六节

理性运用市场的非理性

当记者问巴菲特如何看待市场上某些投资者狂热、焦虑以及一些非理性行为时，巴菲特笑了笑回答道："事实上，我非但不会担心和恐惧市场上出现的非理性行为，反而喜欢这些非理性行为的出现，因为仔细研究并且利用这种非理性，恰恰能够给我带来更多的投资机会。"

事实上，巴菲特对投资者的非理性行为有着深刻的认识。1987年10月的美国股灾让巴菲特看到了美国投资者的疯狂和不理智。对此巴菲特曾说，在投资市场上，每个人都充满了贪婪、恐惧、愚蠢的念头，这是很正常的，也是可以理解的，而关键的问题在于，这些投资者要明白，他们的贪婪、恐惧、愚蠢的念头最终会导致什么样的结果。但这恰恰是很多人不愿去思考的，因此这些人的行为也就并非理性的投资行为。而正是由于市场上的非理性投资者如此之多，才更衬托出理性投资人的可贵之处。

所以，1998年9月16日，巴菲特在伯克希尔公司股东特别会议上幽默地说："我们希望股票市场上的傻子越多越好。"为什么呢？因为这样的傻子越多，就会出现更多的非理性投资，而这时候，理性的投资者反而能捕捉到更多的有利机会。

那么，投资市场上的非理性行为是如何产生的呢？巴菲特的导师格雷厄姆曾经讲过这样一个寓言故事：

以前有一位石油投资人去世了，正当他准备进入天堂时，天堂的管理员却跑过来告诉他说:"你原本是可以进天堂的,不过现在天堂里分配给你住的地方名额已经满了,所以现在我们只能暂时把你分派到地狱里去。"

这位石油投资人听了这话没有流露出任何的不满,他想了想说:"既然如此,那我也就只好去地狱了,不过临走之前,你总要让我去和那些住在天堂里的同行打声招呼吧?"

天堂的管理员想了想,觉得这并没有什么,便同意了。

这位石油投资人来到天堂门口,把双手拢在嘴边做喇叭状开口大叫道:"地狱里发现石油啦! 地狱里发现石油啦!"

话音刚落,那些住在天堂里的投资人们就一窝蜂地跑出来,蜂拥地奔向地狱。

天堂管理者见此情景无奈地对他说:"你成功了,现在天堂里面有空位了,你可以留在这里了。"

可是这时候这位石油投资人却犹豫了,他摸摸脑袋又搓搓手,最后一咬牙说道:"我想我还是不要留在天堂了,说不定地狱里真的能找到石油呢! 我还是跟着去看看吧!"

总结投资市场上的非理性行为,其中最突出的代表就是为局面所迷惑,出现跟风行为。上面的这则寓言形象地说明了这种行为的来源,很多投资者并不懂得独立思考和分析,他们在进行投资决策时参考的更多的是市场上的某些"消息",那么出现跟风行为也就不足为奇了,最终让整个市场陷入非理性当中。巴菲特说过:"出于某些原因,人们是从价格而不是价值中寻找其投资启示的。当你开始做一些你并不理解的事,或者只是因为上周什么投资方式对其他人有效时,这些投资启示就毫无用途了。世界上购买一只股票的最愚蠢的动机是:它的股价在上升。"

但同时巴菲特又表示:"股票市场是非理性的,这并没什么可怕的,恰恰相反，只有非理性的市场才更有机可乘。从这一点上看，股市的不理性是件好事，关键是投资者自己要能够理性地去投资。当然，面对这样的非理性股市，投资者要作出理性而正确的决策是非常困难的，这就是股市不容易把握的主要原因。但投资者要明白的是，股市首先应当是自己的工具而不是导向，股市要被人利用，而不是利用人。因此作为投资者，你所要做的就是了解股市的全部功能和特点，然后在必要的时候加以利用。在股市中拼杀了一段时间以后，你就会明白，你的目的是从它身上赚到钱，而赚到钱的前提就是你得先了解它，你得比它更理智。"

当然，不可能每个人都有和巴菲特一样的头脑和技巧，但如果按照"股神"的要求去做，我们起码也是可以学到些皮毛的。那么对于一个想要战胜和利用非理性市场的投资者来说，哪些因素是必须具备的呢？

首先，投资者需要有良好的判断力和控制力。投资者应该先与市场保持一定的距离，这是为什么呢？因为市场是非理性的，如果长时间浸淫其中会很容易让自己的思想被它影响，产生所谓"不识庐山真面目，只缘身在此山中"的问题。因此，只有具备了良好的判断力和控制力，投资者才能更好地面对市场的非理性。

比如我们想买一只股票，在买之前我们已经做出了很详细的评估，得出了这只股票被严重低估的结论，于是想要出手购入。但当我们刚想买的时候，它却正好来了一个跌停，这时我们可能就会想："它会不会继续跌下去？如果等几天再买是否会更便宜？"但若真的再等两天，我们可能会发现已经错过最好的购入时机了。因此，我们应该严格按照自己预订的方案去做，如果已经下定决心，那就不要理睬市场的波动。

其次，投资者应该具有长远的眼光。格雷厄姆认为，股市会特别照顾这样的投资者：他们喜欢把资金投于估值过低的股票，并且长期持有它。格雷厄姆认为，无论市场出现如何的波动，在股市中任何时候都存在着估值过低的股票。这些股票的投资业绩可能由于长期不能让投资者满意而被市场所忽略。不过,经济的规律决定了它们会在相当长的一段时间之后得到市场的认可,市场会把它们的价格抬高到与其实际价值相符的水平线上。所以,作为一名投资者,如果具有长远的眼光,就能够从市场对这些低迷股票的非理性忽视中寻找到投资的良机。

第三,投资者的心理应该有一定的钝化。巴菲特曾说:"在目前的股市中,很多职业投资机构和所谓的股评家都在对诸如有效市场、动量对中、B值之类的事物夸夸其谈,这些妄自尊大的名词让普通投资者听得晕晕乎乎。表面上,格雷厄姆的那则寓言故事似乎已经过时了,但如果你仔细想一想,就会发现这些行为是多么相似!要知道,现在的投资者也在到处打听股市中有什么消息,以便自己作出相应的决策,或者仅凭"股评家"一番术语之后连带出的信息作出自己的决定,这都无异于放弃自己天堂的位置而选择地域。"

对于那些本来就很敏感的投资人而言,一份股评材料和一个小道消息是绝对能够在他们的心里掀起波澜的。诚然,很多投资者也是有自己的投资原则的,但投资毕竟是为了赚钱,如果突然发现市场有了异动或者刚巧得到一个"内幕消息",这时能够做到不动心的人恐怕并不多。因此,投资者应有意识地培养一些钝感力,适当地钝化自己的心理,避免对市场和消息反应过度,尽可能忽略短期的价格波动。

股市的非理性本身并没有什么可怕,恰恰相反,"众人皆醉我独醒"的情况,反而更便于理性投资者在非理性的股票市场上捕捉到更多、更好的投资机会。想要投资成功,方法十分重要,但能够掌控自己的心理,成为投资市场的主人则更为重要。

第七节

别浪费时间去预测市场走势

一名观察巴菲特多年的记者惊奇地发现，在巴菲特长达几十年的投资生涯中，他竟然从来没有预测过股市的走向，也未做过哪怕一次所谓的短线投资。巴菲特获取巨大财富和无与伦比业绩的唯一方法，说出来恐怕没有人会相信，就是将钱投向那些业绩优秀的公司，然后长时间持有它，无论市场行情如何，在他认为公司没有持有价值之前，他是绝对不会将它卖掉的。

但是反观我们的股市，很多人的投资方式却恰恰相反。他们紧紧盯住大盘，四处打听小道消息，总想寻觅庄家的足迹，一遇到什么风吹草动，就会疯狂地买入或者卖出；而对于所投资的公司，他们却不甚关心，甚至有过投资者买入一家建材公司的股票长达三个月还一直以为公司是做奶粉的笑话。

不注意对上市公司经营情况和发展前景的研究，却整天想着分析市场趋势，这就是很多不成熟、不理性的投资者所犯的毛病。巴菲特对此是深恶痛绝的，他曾告诫投资者："不要把你的时间浪费在所谓的预测上面，要知道，无论是经济预测、市场预测，还是单只股票的预测，它们在投资市场中都是根本不会占有一席之地的。"

而且巴菲特认为，预测投资市场发展的走向对于投资者非但没有任何帮助，还可能会因为错误的预测而给投资者带来焦虑的心理甚至投资的失败。巴菲特说："事实上，在投资市场上只有一件事是可以预测的，那就是人的贪欲、恐惧和愚蠢，而这些就是导致投资者走向预测市场走向道路的罪魁祸首，而它也最终会给人带来不堪设想的后果。"

巴菲特坦诚自己无法预知短期内股价的变动和市场的走向，同时也不相信有谁能够做到这一点。长久以来，他对预测的感觉就是：那些所谓的市场预测专家存活于世的唯一价值，只是让那些算命先生的谶语看起来更加准确而已。

1988年，巴菲特在伯克希尔公司的股东大会上说："对于未来一年的股市走势、利率以及经济动态，我们不做任何预测。我们过去不会、现在不会、将来也不会预测。我们深信，对股票或债券价格所做的短期预测根本是没有用的，预测本身只能够让你更了解预测者，但对于了解未来却毫无帮助。"

巴菲特认为，市场与预测完全是两码事，市场是不断变化的，而预测的手段却是固定不变的，这些固定不变的预测方法所产生的结果只能是过时的、虚假的。这些结果的唯一作用就是让投资者产生错觉、变得更加自以为是，最终做出错误的决定并且长期维持这个错误。

他这样告诫股东们："分析市场的运作与试图预测市场是两码事，了解这点很重要。我们已经接近了解市场行为的边缘了，但我们还不具备任何预测市场的能力。复杂适应性系统带给我们的教训是，市场是在不断变化的，它顽固地拒绝被预测。

"我们看到，很多投资者仅使用历史评估方法或模式来决定股票何时便宜、何时贵。但历史评估方法的缺陷是其对市场上的一切都有着绝对的依赖性，这就是说，对单个股票的衡量取决于某一特定时期的经济环境。换句话说，评估系统只有在公司和行业发展的先行环境与当初评估系统建立之初的环境相同的条件下才能产生相对正确的结论。注意，这里还只是相对正确。但我们今天所处的年代与以前评估系统设立的年代，在投资市场和公司自身环境上面都不知道发生了多大的变化。因此，那些妄图预测市场的投资者无异于是在用凯撒的断剑来斩亚历山大遇到的锁链。"

那些妄图用一些"科学"的方法来预测市场走向的投资者无异于是在刻舟求剑，结局只能是徒劳无功。

投资市场的参与者不只有我们自己，还有数不清的个人投资者、投资机构和上市公司，这些参与者每时每刻都在以自己为中心作着决策，这些决策累积起来没有几亿也有上千万，而市场的总体走向就是对这些决策的整体反映。因此，我们可以想见，对市场的正确预测是一个多么庞大而又不可能完成的工作。

投资者总是信心满满地认为自己有预测市场的本领，在看到上面的数据之后，他们应该就会明白自己是多么自以为是了。现实中有多少投资人能够依靠准确预测市场走势而获利呢？对此，有家美国金融媒体曾做过调查，不算普通股民，在专业机构的经理人中，仅2007年一年就有超过一半的人输给了指数。换言之，一个投资人只需要买入几种股票然后不去理它们，到了年底都还有超过一半的几率成绩好过那些拿着高薪的全职经理人。由此可见，所谓的市场预测是多么可笑。

那么作为一个成熟的投资者，又该怎样应对这个变幻莫测的市场呢？巴菲特认为，虽然不可能通过预测个股和市场来取得成功，但却可以通过对单个公司和行业发展前景的判断来进行长远投资。他曾说过："我不知道股市明天、下周或者明年会如何波动，但是在未来的10年甚至20年里，你一定会经历两种情况：上涨或下跌。关键是你必须要利用市场，而不是被市场利用，千万不要让市场误导你采取错误的行动。查理和我从来不会关心股市的走势，因为这毫无必要，也许这还会妨碍到我们对行业发展前景的正确判断。"

巴菲特举例说，1999年年初，他因为不愿意投资高科技股等"新经济"股票而受到诘难。当时高科技股股价飞涨，每天都能造就许多个百万富翁,2000年3月中旬,股价达到历史顶峰。可是又有谁能预测到,仅仅过去了几个星期,科技股股价就狂泻千里,迅速跌至谷底。所以他说,作为投资者,关键是对于公司和行业的了解,时刻做好准备,以便能利用上涨或下跌的机会获利,而不是被市场利用,更不能因为市场的误导而产生错误的预测,从而导致投资失败。

但巴菲特也明白,完全忽略对形势的预测,是一件令许多投资者十分不舍的事情。在30年前,他就曾为没有能够预测到越南战争的爆发、物价与工资的调控、两大石油危机等一系列对投资产生重大影响的事件而感到惋惜。但同时巴菲特也表示,没有预先知道这些事情的发生其实并没有阻止他取得骄人的投资业绩。巴菲特说:"所有这些巨磅炸弹级的事件都没有在本·格雷厄姆的投资原则中留下任何痕迹,它们对我们低价购买良好企业也没有产生任何不利的影响。假若我们让这些不可知的恐惧拖住手脚或改变资金的使用,你可以想象一下我们要付出的代价。"

所以,对于投资真正重要的是选对投资对象,因为对于投资者来说,他们所面对的对象是单个投资产品而非整个市场,并不是所有的企业和投资产品都会对宏观环境的变化极端敏感,选择那些持续增长的投资产品,才是投资者所要做的事情。

巴菲特说:"在今后30年里,还会有一系列不同的大事发生。我们既不能试图预测这些事件,也不能阻止或者推迟这些事件,我们所要做的就是尽量不为这些事件所影响。只要我们找到同我们过去购买的公司相似的企业,外部的意外事件只会对我们的长期结果产生极小的影响。"

所以,当我们乐观地相信自己已经找到一种可实现利润并且可以重复使用的投资系统时,当我们被市场的不可预测性惊得目瞪口呆时,请记住巴菲特的这句话:"面对两种不愉快的事实吧:市场是不可预测的,未来是永不明朗的,而且在股市上要达到令人愉快的共识,代价是巨大的。因此长期价值购买者才是股市中真正的胜者。"

第三课

逆　势

——在别人贪婪的时候恐惧，
　在别人恐惧的时候贪婪

第一节

买入的最好时机是别人不感兴趣的时候

在巴菲特的投资生涯中,曾有人不止一次地对他的想法和选择提出异议甚至完全否定,有的人更是嘲笑巴菲特完全就是逆市场投资,别人买入的时候他卖出,别人卖出的时候他买入。但最后巴菲却往往能用时间和业绩来证明那些质疑者才是真的愚蠢。上个世纪90年代巴菲特对富国银行的投资就是一个很好的例子。

富国银行是一家创立于1852年的老牌金融集团,集团于1990年以每股86美元的价格上市,但该银行的上市正赶上美国经济不景气的时候,很多投资者担心经济不景气的情况会蔓延到西海岸,从而导致银行对于商业和住宅的不动产市场的大量贷款无法及时收回,而富国银行正是西部经济发展的龙头老大加利福尼亚地区银行业中拥有商业不动产最多的一家。于是,人们纷纷开始抛售该公司股票,甚至有人呼吁大家清空该股。这一连串的打击导致富国银行的股价迅速下跌,股票在当年10月的卖空收益高达77%。

在这种市场一片惨淡、股民纷纷撤离的情势下,巴菲特却使出怪招,开始陆续购进该股。以后几个月间,巴菲特旗下的伯克希尔公司在市场上大量买进富国银行的股票,并逐渐掌握该银行流通在外的10%的股份,进而成为了该银行的第一大股东。

巴菲特的强势介入,引发了一场关于富国银行股票是否值得持有的争议。在巴菲特这一方,其介入该股自然是因为巴菲特认为富国银行拥有很美好的前景，所以今天的投入，为的是日后更大的收益。而除了巴菲特之外，市场上几乎所有的人都不看好该股。如当时美国最大的卖空投资机构费西哈巴兄弟公司，在预料该股的走势时就毫不犹豫地断言它将持续下跌。在加州的费西哈巴兄弟达拉斯财务主管表示："富国银行是死定了，而巴菲特会成为和它一起钻进地狱的人。"该投资人还说，"虽说现在就料定富国银行会破产还为时过早，但是我认为它离破产已不远了。"

华尔街大牌投资公司摩根斯坦利的一位非常有影响的证券分析师也认为，在当时买进富国银行的股票是一点意义也没有的，他预言富国银行的股价最终会跌到只剩百分之十几的价格，巴菲特将亏得血本无归。同时，保德信证券公司的证券分析师也表示："巴菲特是出了名的讨价还价者，也是长期投资者，但这次是个例外。在德州由于能源价格下滑而导致银行倒闭的事也将会发生在加州，市场规律不会因为投资者是巴菲特就绕道走！"此外还有不计其数的机构、专家和个体投资者都提出了类似的质疑。

在这众口一致的质疑声中，可以看出，当时几乎所有的舆论和投资机构都看空富国银行，甚至有人认为巴菲特已经糊涂了。他们信誓旦旦地说：如果有必要的话，巴菲特应该再回学校好好学一学投资，他已经忘记了如何在他最熟悉的行业进行投资了。

然而，"股神"并非浪得虚名，巴菲特之所以选中富国银行投资，是有他的道理的。让我们先来了解一下这家银行的情况。1983年，富国银行集团请来了以深具理性和睿智著称的卡尔·理查德出任集团的董事长，理查德走马上任伊始，便决心要不惜任何代价地把原本死气沉沉的银行来个根本性的转变，使之变成有活力、能赚钱的大企业。在他的努力下，从1983年到1990年的7年间，富国银行的平均获利是1.3%，而股东权益平均报酬率是15.2%；到了1990年，富国银行以560亿美元的资产，位于美国商业银行排行榜的前十位。这充分显示了卡尔·理查德高超的管理水平,尽管他尚未着手股票回购或发放特别股利的计划,就已经使股东们获利了。

正是基于对理查德能力的了解和信任,巴菲特才会力排众议购入这家银行的股权。要知道,在当时的美国,富国银行是国内所有主要银行中,对商业不动产放款最高的银行,高达145亿美元,是它股东权益的5倍。而当时加州的经济不景气状况正在恶化,分析师由此推算,银行的商业放款中,有一大部分将成为呆账,也就是说,巴菲特投入的是一个呆账大于自身成本的企业。但巴菲特却坚信自己的投资理念,好的股票就是要在别人都不感兴趣的时候买入,这样才能获得买入价和未来利润的双丰收。

就像很多人预料的那样,在1990年和1991年两年里,富国银行的股价不断下跌。再加上当时美国联邦储贷保险公司的倒闭,金融检查人员认真地分析了富国银行的贷款投资组合情况,迫使银行在1991年拨出13亿美元作为呆账准备,1992年度再提列12亿美元作呆账准备。巴菲特对富国银行的投资行为更加引起投资界的质疑。

但巴菲特还是默默地坚持他的决定,他坚信自己没有错。终于,在经历了两年的不景气之后,富国银行在1992年打了一个翻身仗。由于宏观经济的好转,该公司的股票在当年度迅速回升,并在年底回到了1990年之前的水平。于是伯克希尔公司继续买进该银行股票,使持股增至630万股,占富国银行总股本的11.5%;之后又利用自联邦准备局拿到的清算超额准备金,再买进该银行股票,使持股增长到22%;1993年11月,伯克希尔公司以每股介于106美元和110美元之间的价格继续买进该股票。至当年年底收盘,富国银行的股票已涨到每股137美元。

这场旷日持久的争议以巴菲特不断盈利的事实画上了句号。这再次证明了巴菲特的投资理念和方法是经得起实践考验的,而他人的讽刺和质疑只会令巴菲特更加坚信这一点。

　　据说有人总结自上世纪90年代开始，巴菲特的伯克希尔公司利用全美股票市场报酬率持续走低、投资市场萎靡不振、投资者普遍持悲观观望心态的时机，进行了一轮又一轮的大规模收购行动。巴菲特的观点是：只有当优秀的企业被不寻常的信息包围，导致股价被错误地评价的时候，才是真正大好的投资机会。实际上巴菲特的操作也确实是按照他的这套理念执行的：当一只股票没什么人留意时他就买入，所以人们发现他总是能够买到"婴儿的股本"；而在一只股票被大众热捧时他就选择卖出，因而总是能规避股市震荡。

　　很多投资者从众心理严重，总是喜欢跟风，往人多的地方扎堆，但在股市中，人多的地方却恰恰是危机四伏的地方。很多散户可能都吃过这样的亏：了解到一个不知从哪儿放出来的利好消息，于是一群人蜂拥而至，但一购入便发现被套牢了。其实这些消息通常都是一些庄家故意放出来的，让散户跟风买入，自己便可以高位出货了。我们先不讨论庄家的做法是否可耻，但这样的情况不正说明了，当一只股票太火或者股市里聚集的人过多时，危险也就相应地增多了吗？因此，睿智的投资者应该学习巴菲特的做法，当别人不感兴趣纷纷撤离的时候，才是进入市场的最好时机。

第二节

在别人小心谨慎时勇往直前

在巴菲特漫长的投资生涯中,上个世纪八十年代对通用食品公司和可口可乐公司的收购是值得大书特书的一笔。因为在巴菲特进行这两项收购的时候,大部分华尔街的投资人都对他能否成功持悲观态度,他们觉得这样的交易实在是缺乏吸引力。然而,巴菲特的精明正在于此,在别人都小心谨慎的时候,他却义无反顾地去做,因为他坚信真理往往站在少数人的一边。

当时大多数专业的投资人都认为通用食品公司已经进入了发展的瓶颈期,它已经很久没有开发出什么新的产品了,而且在销售模式方面,它也称不上如何活跃;而可口可乐给人的印象则是一贯的作风保守。单就从股票投资中获取差额利润的角度来看,这两只股票无疑都是缺乏升值潜力的。

但令这些人惊讶的是,在巴菲特收购了通用食品公司的股权之后,由于市场的通货紧缩降低了产品的生产成本,再加上原本就在消费者心目中树立的企业形象,在销售量不变成本降低的情况下,通用食品公司的净盈余大幅增长。1985年巴菲特将股票卖给菲利普·摩里斯公司的时候,其股价足足增长了3倍;同时,在伯克希尔于1988年和1989年分批对可口可乐公司的股票进行收购之后,该公司的股价也实现了迅速攀升,两年之内上涨了4倍之多。

由此可以看到巴菲特的固执和坚持,但更应该看到的是他的精明和睿智。其实巴菲特这一投资理念很像是一场博弈，在他看好一个公司的前提下，当别人抱谨慎的态度时，他毫不迟疑地购入，这其实是一种站在多数人对立面的选择。试想一只股票如果人人谨慎的话，其购入价格往往会低于实际的价值，这也就大大地提升了增值获利的可能。

巴菲特曾经说过："投资者有两件事情可能会做错，即你可能买入了错误的股票或者你可能在错误的时间买入或卖出了股票。而一个正确的现象是：你基本上不需要卖出你的股票。某些投资者在美国很多行业都有投资，如果其中一些行业陷入了不景气，总有其他的一些行业日子会好过些。所以你要做的事就是在正确的时间买入或卖出正确的股票，但能够做到这一点的人很少，所以作为理性的投资者来说，不应该跟随他人进行投资，而是要坚持自己的做法。我一再声称，投资者应当在别人贪婪时谨慎，别人谨慎时贪婪。如果你在别人贪婪时比别人更贪婪，在别人谨慎时比别人更谨慎，那么你最好不要有任何投资。"

不只是对通用食品和可口可乐的投资，在很多投资案例中，巴菲特都展现了自己在公众恐慌时期，仍然能够毫无畏惧地采取购买行动的魄力。1973年至1974年是美国空头市场的最高点，而巴菲特却在当时收购了《华盛顿邮报》公司；他在GEICO公司面临破产的情况下，将它购买了下来；他在华盛顿公共电力供应系统无法按时偿还债务的时候，大肆进场购买它的债券；他也在1989年垃圾债券市场崩盘的时候，收购了许多RJR奈比斯科公司的高值利率债券……

"价格下跌的共同原因是投资人抱持悲观的态度，有时是针对整个市场，有时是针对特定的公司或产业。我们希望能够在这样的环境下从事商业活动，并不是因为我们喜欢悲观的态度，而是因为我们喜欢它所制造出来的价格。"巴菲特这句话的实际意思就是在告诉我们，当一个市场被悲观情绪笼罩，所有人都小心谨慎的时候，恰恰才是最安全而又最有利可图的时候。因此如果你有良好的判断个股价值的能力，当人们普遍谨慎时你就会发现，由于市场购买的压力很小，此时的购入价格将会远远低于它的实际价值。这时，你就应该展现贪婪的一面，毫不犹豫地买入持有，等待市场的再度繁荣。

2008年美国陷入了一场规模庞大的次贷危机，又到了巴菲特展现他的贪婪的时刻了：50亿购入美国高盛公司、30亿购入美国通用公司、2.25亿买入中国比亚迪10%的股份、同意承担美国7000亿救市资金百分之一的份额。在整个华尔街都在恐慌，全世界的投资者都在小心捂着自己的荷包的时候，巴菲特却仍然在大笔买入。

在一次会议上，巴菲特用一封信详细地阐述了这些行为："我们会发现，现在无论是美国还是世界其他地方，金融市场都是一片混乱。更糟糕的是，金融系统的问题已渗透到整体经济中，并且呈现出井喷式发展。短期内，美国失业率将继续上升，商业活动也会停滞不前，而媒体的头条更令人心惊胆战。面对这种情况，很多人选择了保守和谨慎，而我则一直在试图购买美国的股票。我指的是自己的私人账户，之前，该账户除了美国政府债券外没有任何资产（这不包括我所持有的伯克希尔·哈撒韦公司的资产，因为这部分资产将全部投入慈善事业）。如果股价继续保持吸引力，我的非伯克希尔净资产不久后将100%是美国证券。

"我为什么这么做呢？答案是我奉行一则简单的信条：别人贪婪时我恐惧，别人恐惧时我贪婪。当前的形式是——恐惧正在蔓延，甚至吓住了经验丰富的投资者。当然，对于竞争力较弱的企业，投资人保持谨慎无可厚非。但若是竞争力强的企业，就没有必要担心他们的长期前景了，尽管这些企业的利润会时好时坏，但大多数都会在未来5年、10年或者20年内创下新的盈利记录。

"我必须先澄清一点：我无法预计股市任何的短期波动，对于股票在1个月或1年内的涨跌我不敢妄言。但有一种可能，即在市场恢复信心或经济复苏前，股市会上涨，而且可能是大涨。因此，如果你想等到知更鸟报春，那春天就快结束了。在这里我想回顾一下历史：在经济大萧条时期，道·琼斯指数在1932年7月8日跌至41点的历史新低，到1933年3月弗兰克林·罗斯福总统上任前，经济依然在恶化，但在那时，股市却涨了30%。

"第二次世界大战初期，美军在欧洲和太平洋遭遇不利。1942年4月，美国股市跌至谷底，当时距离盟军扭转战局还很远。同样，20世纪80年代初，尽管经济继续下滑，通货膨胀加剧，但却是购买股票的最佳时机。简而言之，坏消息是投资者的最好朋友，它能让你以较低代价下注美国的未来。

"长期而言，股市整体是趋于利好的。20世纪，美国经历了两次世界大战、代价高昂的军事冲突、大萧条、十余次经济衰退和金融危机、石油危机、流行疾病及总统因丑闻而下台等事件，但道指却从66点涨到了11497点。也许有人会认为，在一个持续发展的世纪里，投资者几乎不可能亏钱。但有些投资者确实亏了，因为他们总是在感觉良好时买入，在市场充斥着恐慌时卖出。

"今天，拥有现金或现金等价物的人可能感觉良好，但他们往往过于乐观了，因为他们选择了一项可怕的长期资产，没有任何回报且肯定会贬值。其实，美国政府的救市政策很可能导致通货膨胀，并加速现金贬值。

"未来10年中，证券的投资回报率肯定要高于现金，甚至会高出很多。那些手持现金的投资者还在等待好消息，但他们忘了冰球明星韦恩·格雷茨基的忠告：'我总是滑向冰球运动的方向，而不是等到冰球到位时再追。'"

第三节

碰到大牛市的时候，选择退出

巴菲特从1956开始进入投资领域，如今已经走过55个年头了，在这55年里，他取得了令世界瞩目的成绩，被人尊称为"股神"。很多投资者都说，投资生涯中能够投中一次大牛市就是最幸运的事了，在这位"股神"长达55年的投资生涯中，他肯定也经历过无数次的股市动荡，他所认为的最幸运的事也是追赶牛市吗？答案当然是否定的，小的波动不算，在巴菲特投资生涯中影响全美或者全球的大牛市他就经历过四次，而在这四次大牛市中，他的选择无一例外的都是退出股市。

1956年到1966年是巴菲特投资生涯开始的十年。在这十年里，他的总收益率是11倍，而同期美国股市的大盘涨幅仅仅为1.26%，巴菲特的投资收益超过大盘870倍，初出茅庐就让世人震惊。

但是到了1967年，美国股市开始急速升温，从1967到1980年这四年里，美国股市涨幅超过40%，股指突破一千点大关，日平均交易量是上个十年的6倍，美国陷入了人人炒股的狂热中。当时的任何一只股票，无论它背后的公司经营情况如何，只要买进都会获得极高的收益，比如当时的IBM收益率高达39倍，雅芳收益率高达96倍……巴菲特迎来了人生的第一个大牛市。

但面对如此诱人的牛市，巴菲特的心情不是喜悦而是苦恼。因为他觉得当时的股票收益率太高了，市场上再也找不到便宜的股票，他无法选择购买哪只股票。尽管每只股票都在狂涨，买哪一只都会赚钱，但巴菲特认为这种方式只适合做短期投机的人，长期持有肯定是会亏本的，他并不擅长这种短期投机的方式，他已经无法驾驭市场了。于是他做了一件令人震惊的事，他和他的投资合伙人说要解散公司，卖出公司所持有的全部股票，退出股市。他解释道："现在的市场环境我根本无法预计，我无法以不擅长的方式来经营，我不想让以前十年创下的辉煌业绩受到损坏。"

最终在一片惋惜和质疑声中，巴菲特把公司解散了，但事后的发展证明了他的英明。在他解散公司一年后，股市的大盘开始大幅下跌，先是在半年间从1000点跌到了800点，到第二年跌至1967年前的水平。很多意图靠这场大牛市发财的人亏得血本无归，而巴菲特因为在大盘暴涨的时候退出，不但保护了既得利益，还在投资界树立了相当高的声望。

为何巴菲特会在股市一片大好的局面下退出呢？其实他就是在和大众博弈，当时几乎人人都在以不同的方式参与投资，所以投资物必然会产生供不应求的局面，投资成本也会升高，过高的成本又催生更高的价格，更高的价格又再次诱使人贪婪的本性暴露，进而形成恶性循环。股市被那些贪婪的人炒出的繁荣只是假象，泡沫总有崩溃的时候，没人能够确保自己能在泡沫崩溃前一刹那刚好逃离，于是巴菲特便选择退而求其次，在泡沫形成的初期选择退出。

没过多久，巴菲特又遭遇了人生的第二次大牛市。在20世纪70年代初的两年中大盘迅速下跌以后，到1972年大盘又开始持续大幅上涨。而面对这场劫后余福，巴菲特还是没有出手。经过分析他认为，这场牛市是上一次的延续，泡沫还没有完全结束，所以当时他几乎把全部资产都变成了现金。结果不出所料，到了1973年，股票又开始大幅度地下跌，股指从1000点跌到800多点；到1974年，大盘跌了40%，从最高的1000点跌到580点。

这时所有的投资者都认识到崩盘真的到来了，于是纷纷"割肉"抛出股票,但面对这样的情况,从1966年就退出股市的巴菲特出手了。巴菲特说当时的他就像是一个好色的小伙子来到女儿国一样,他大量购进股票,将所有能找到的资金全部投放到股市上。结果再次印证了"股神"的精明,在几年后的大盘调整中,巴菲特狂赚了80%。

巴菲特在面对第二次牛市时的做法,其实还是在和投资者博弈。他预料到经过上一次跌幅的投资者已经成为惊弓之鸟,所以这次的牛市也不可能维持太久。与其在牛市时买入,还不如等到大家因为打击而彻底抛出股票时再购入,那时候人人都在逃离,股票的价格自然会下跌,甚至可能跌过其自身的实际价值。

巴菲特的第三次大牛市是在上个世纪80年代中后期,从1984年到1986年美国股市涨幅达2.46倍。这时又出现了和前两次一样的情形,人人都知道股票价格已经很高了,但因为相信自己能够在崩盘前撤离,仍然有很多人在购买股票。而此时的巴菲特再次表现出了他冷静的一面,从1984年,也就是大牛市开始的第一年,他就开始抛股票,到1987年大牛市彻底建立起来时,巴菲特基本上把所有的股票都卖光了。

1987年10月19日崩盘到来了,大盘在一夜之间下跌了500多点,跌幅高达22.6%。在很多人为股票下跌而愁眉苦脸或者为清仓而焦头烂额时,巴菲特正悠闲地坐在电脑桌前边喝咖啡边看资料呢!

巴菲特投资生涯中的第四次大牛市在千禧的前一年即1999年到来了。从1994年到1998年美国股市上涨了将近2.5倍,在这一波大牛市中,最主要的推手是网络和科技公司。那时网络股的收益率非常之高,动辄出现成倍的增长。而当这轮牛市达到顶峰时,巴菲特的收益率只有不到0.5%,较同期大盘增长的2.1%低了足足4倍,这可以说是巴菲特投资历史上业绩最差的一次了。为什么会出现这种情况呢?因为巴菲特的投资大多聚集在类似于可口可乐这些传统的公司上,而网络股、科技股他一只也没有买。面对如此情形,股东们纷纷对他提出了质疑,质问他为什么不买科技股；而很多报刊媒体也都在批评他，连称巴菲特那一套已经过时了，巴菲特太保守了。

面对铺天盖地的质疑和批评，巴菲特的选择是岿然不动，"你们爱怎么说怎么说，我就是坚持我的做法"。结果一进入千禧年，美国的股市就开始下跌，在网络股和科技股的带动下，2001到2003年股市持续下跌，连续三年股市跌幅超过一半。而同期的巴菲特却赚了10%，在网络股、科技股泡沫一个个破灭的时候，巴菲特重仓持有的传统股票由于业绩稳定，股价重新得到了市场的认可，在熊市中股价反而得到了提升。

回头总结一下，巴菲特在遇到这令无数人欣喜若狂的四次大牛市时的做法，给了我们以下几条投资启示：首先，在面对其他投资者都在牛市中过于贪婪的时候，反而要学习谨慎，避免跟风、侥幸的心理；其次，在大牛市崩盘之后，当大调整来临，别的投资者不敢购入股票时，要坚决买入，以最低的价格获取最大的价值；第三，不要被其他人的声音所干扰，对于自己有把握、有信心的股票，要长期持有，对于自己不熟悉、不了解的股票，即使它表现得再好，也要慎重。

巴菲特的实例教育我们，在投资市场上要牢牢把握三个原则：第一，要有一颗坚定的心，不能完全根据股价的涨跌来买卖股票，判断一只股票的好坏要看其背后公司的真实价值，不能被虚假的表象所动摇；第二，不做短线投资，巴菲特持有的股票动辄几年、几十年，也许长期持有并不能马上看到收益，但经过时间的积累，总有一天会看到长期投资的好处；第三，要学会独立思考。通过参考别人的做法让自己轻松赚钱，这种想法是很愚蠢的，就算依靠这种"借鉴"的行为赚到了钱，那也只是暂时的，无法在投资的路上走得长远，所以，在投资的过程中务必要坚持独立思考，人云亦云的跟风行为是要不得的。

第四节

越跌越安全,越涨越危险

在2008年度的伯克希尔公司股东大会上,巴菲特在回答一位记者的问题时说,他在卖出中石油H股时就感觉到当时该股票的价格过高了,在这样的情况下进行投资要非常谨慎才行,再三思量之后,他选择将该股全部清仓。果不其然,半年之后,中国股市开始大幅下跌,一片大好的股市顿时变得"哀鸿遍野"。巴菲特说,他并不知道以后的股市会朝何种方向发展,但他知道股市越是上涨,其中的危险也就越大;股市越是下跌,股票反而更为安全。

越跌越买,向来是巴菲特投资的一条重要法则。他认为,如果自己想买的股票价格正在不断下跌,倒是一条很好的消息,因为这表示很多人都不看好这只股票。没有市场的竞争就会降低所要买入股票的成本,因此下跌的股市在他看来比牛市更具有吸引力。

巴菲特的老师格雷厄姆曾传授给他投资的技巧,其中尽量避免亏损的技巧就是:安全第一,赚钱第二。其具体的做法是:尽量加大股票的安全边际,寻找到最安全的股票。那么在什么时候才有机会找到相对于价值而言,股价被严重打压而又具有足够安全边际的便宜股票呢?当然就是股市下跌的时候。

我们经常会在商场中看到商品因为清仓、过季、过时、无人问津等原因打折,如果打折商品中恰好有我们以前看中却没有买的物品,我们就会欣喜不已,因为这是花了很少的钱,获得了和以前一样的价值。对于投资来说，也是一样的。股市里也经常会出现股票打折的情况，所不同的是商场打折的机会少，股票打折的机会多，很多股民不是常用"五熊一牛"来形容牛市的难得吗？对于理智的投资者来说，漫长而多见的熊市不就是股票在打折吗？

巴菲特的股票经纪人曾说，给巴菲特打工非常有趣。当股市大涨的时候，看着周围同事都在忙，他却显得无聊；而等到股市暴跌的时候，巴菲特通常会每天打五六个电话让他不停地买股票，股市下跌得越厉害，巴菲特要求买入的股票数量越多、次数越频繁。别的同事都跑出去旅游度假了，他却还要在办公室里"加班"！

越是下跌越是购入，不同于常人的行为或许就是巴菲特能取得不同于常人成绩的原因吧！股市是一个人与人共同参与的组织，股票交易是一个类似于零和博弈的行为，不可能每一个股民都赚钱，既然如此，或许逆于大多数人的行为才更容易取得胜利。要知道自己取得胜利的原因有二：一是自己的出色，二是对手的笨拙。正如巴菲特说过的："你一生能够取得多大的投资业绩，一是取决于你倾注在投资中的努力与聪明才智，二是取决于股票市场所表现出的愚蠢程度。市场表现越愚蠢，善于捕捉机会的投资者赢利概率就越大。"市场的表现就是大多数投资者的表现，因此其他投资者犯错、愚蠢的时候，就是我们取得胜利的时候。

"只有资本市场极度低迷，整个企业界普遍感到悲观之时，获取非常丰厚回报的投资良机才会出现。"和大多数人相反的是，越热门的股票，巴菲特越不感兴趣。"大部分人都是对大家都感兴趣的股票有兴趣。其实，无人对股票感兴趣之日，才是你应对股票感兴趣之时，热门股票反而很难赚到钱。"

巴菲特是这么说的，也是这么做的。1972年是美国股市的一个黄金年度，当时股指大盘大幅上扬，几乎每只股票都在上涨，有超过50只著名成长股的平均市盈率竟然上涨了80倍，投资者们沉醉在一片喜悦和"丰收"的气氛中。但当时的巴菲特却非常苦恼,由于股价太高,巴菲特管理的伯克希尔公司无法买到价格合理的股票,他不得不将资金全部放在低收益债券上面。当时巴菲特的股票仓位不足16%(在巴菲特的投资生涯中有三只股票他是永远不会抛售的),84%的资金都投到了债券上面。但到了1973年,股市开始持续下跌,到了1974年10月,道·琼斯指数从1000点狂跌到580点,下跌了将近一半。每个人都恐惧得不停抛出股票,而巴菲特却燃起了兴奋的火焰,他高声欢呼:"现在买股票的最佳时机到了。"巴菲特在1973年到1974年美国股市大萧条时期疯狂地买入股票,将股仓填得满满的,等到后来股市大幅反弹时,他大赚了一笔。

当然,也有人说,巴菲特这种投资策略只适合像美国这样的西方投资市场,到了中国就未必有效了,真的是这样吗?我们可以回忆一下,2001年,上证指数涨到2200点,当时几乎所有股票的股价都过高,但几乎所有的股民都在疯狂地买入股票。但人们没有想到的是,后来的5年上证指数持续下跌,跌幅超过了一半。到了2005年,上证指数跌破1000点,当时便宜的股票遍地都是,很少的钱就能买入很优质的股票,但大多数人却选择了捂紧钱包远离股市。可仅仅过了两年的时间,到2007年10月时上证指数就超过了6000点。如果在2005年股市低迷的时候买入,那么短短两年就能赚到6倍以上的惊人回报。

看到这些就应该明白,当股票过高的时候,我们应毫不留情地把它们卖出;而当股票价格下跌到贱得离谱时,我们就应该及时下手购入。因为股价被高估,必然会下跌,股价被低估,反而会上涨,"贵上极则反贱,贱下极则反贵"就是这个道理。

股市是一个充满危机的地方,所谓危机就是"危险"和"机会"的共存体,巴菲特深刻地领悟到了"危"和"机"之间相互转化的道理。因而像"股神"学习,就要勇敢智慧地处理危机,看清股市的涨跌,在涨与跌之间做到游刃有余。

第五节

不做盲目跟随市场的"牺牲品"

在上个世纪70年代美国股市低迷时，巴菲特做了一件令很多人都无法理解的事情。由于受到当时国内经济普遍不景气的影响，美国著名报纸《华盛顿邮报》的经营状况每况愈下，非常令人堪忧，当时有人形容它就像一个身染沉疴的老朽，满身的疾病掩盖住了那些曾经的辉煌。其实，"沉疴"掩盖住的不只是《华盛顿邮报》的辉煌，还有许多投资者的眼睛。他们都以为此时的《华盛顿邮报》已经病入膏肓，无药可救了，于是成群结队地疯狂抛售股票。这样的情绪由几家投资机构开始，迅速蔓延到整个投资市场，以至于《华盛顿邮报》的股票在短短一周的时间内大幅缩水了四成。正当人们都在庆幸自己在它倒下前侥幸地逃过了一劫时，巴菲特却出人意料地出资购买了《华盛顿邮报》的股份，成为该报的第一大股东。

他如此"愚蠢"的行径引来了整个国家的质疑，人们纷纷认为"股神"傻了，"他简直是在拿钱往火里扔"。然而，事实证明了一切。随着美国经济的复苏，这家曾经被所有投资者抛弃的《华盛顿邮报》，终于在沉默了几年之后重新焕发了生机，它重整自己在美国传媒业界的地位，短时间内再次成为了美国传媒界的霸主。而巴菲特，也凭借他的睿智和与众不同获得了丰厚的回报，在这次投资结束时，《华盛顿邮报》以将近50亿美元的股价总额回报了这个当初在关键时刻选择相信它的人。对于这次投资，巴菲特事后说："当你对自己的决定已然成竹在胸时，即使100个人当中有99个人在怀疑你的决定,当然这100个人中也包括你自己,你也要勇往直前。在这个过程中,你无须为此对任何人作出任何的解释。"

巴菲特曾经说过:"倘若你能够将自己的目光锁定在市场上少数的几家优秀企业的股票上,而不是跟在别的投资者的身后,一会儿向东,一会儿向西,那么你一定可以在众多的投资者中胜出。"但很不幸的是,大多数投资者似乎都无法做到这一点。

从众几乎可以说是普通人都存在的心理,由于缺乏安全感和独立思考的能力,人们总是试图去寻找某种模式或是榜样之类的东西,以此来消除心中因为"孤单"而产生的恐惧。尤其是在风云诡谲、危机四伏的投资环境中,投资者更加视这个榜样为救命稻草,紧握不放。要知道,对投资失败的恐惧情绪是很多人都有的,这会使他们失去理性,变得盲目顺从。但在巴菲特看来,当投资者为众多的证券分析师、技术分析师、基金经理人、财务顾问等团团围住时,他们将变得更加无所适从、毫无主见。当大多数投资者都加入到追逐潮流的队伍中时,他们也就为自己的投资宣判了死刑。

一些专家为股市上这种盲目跟着市场走的现象起了一个生动的名词,叫做"羊群效应"。大家都知道,放羊的时候,牧羊人是不需要注意每一只羊的方向的,他们只需要领着头羊就可以了。因为羊群里的大多数羊总是连方向也不看,跟着前面的羊走,而前面的羊,跟着再前面的羊走,最后整个羊群都跟着头羊走。在证券市场上,散户跟着小机构走,小机构跟着大机构走,大家基本上是看相同的报道、听相同的指标,整个市场就成了一个大羊群。在这个股市羊群之中,大家都在想,反正我跟着大家走,肯定没错,而结果往往是大家都错了。巴菲特说:"你如果将眼睛总是放在那些大多数投资者都趋之若鹜的股票上,绝好的投资机会将会从你的眼前悄悄溜走。"

盲目跟着市场走,是很难赚到大钱的。因为股市是个零和博弈的市场，不可能大多数人赚大钱，极少数人亏钱，只能是极少数人赚大钱，而大多数人亏钱。在巴菲特看来，这些盲目从众的投资者就像是成群结队集体自杀的旅鼠一样。

旅鼠是一种极普通、可爱的哺乳类的小动物，常年居住在北极。旅鼠的繁殖能力特别强，一对旅鼠在其后代没有死亡的情况下，一年内可以繁殖出160多只后代。而在北欧寒冷地区，食物本来就非常匮乏，根本无法供养繁殖如此旺盛的旅鼠。没有食物，它们只能向外迁徙。在迁徙的过程中，后面的旅鼠总是紧紧跟随前面的旅鼠，一群一群聚合在一起，越聚越多。最后当它们来到海崖边上时，前面的旅鼠就会因为收不住脚而掉落下去，而后面的旅鼠也会因为自己的盲目跟从而跳到大海里，于是便形成了壮观的"集体自杀"的场面。

巴菲特说，在股市上，如果投资者以旅鼠般的热情跟着他人走，那么可以预见的是，他们的命运最终也会同旅鼠一样悲惨。所以，当我们想要保证自己的投资绝对安全的时候，应该先想一想旅鼠的故事和巴菲特说的这句话。想一下，你是不是也在到处搜寻内幕消息、妄图紧跟大盘；你是不是也和一群人一起热捧过某只股票、集体抛售过某只股票。如果是，那么在投资结果揭晓之前，你就已经有一只脚迈向悬崖了。

真正的理性投资者都是拥有独立思考能力，并在进行投资决策时相信自己判断、坚持自己选择的人。对于所谓的专家预测，投资者所要做的就是光听不信，甚至在掌握了一定的投资知识之后，连听都不用听。

巴菲特在股市上的特立独行是非常有名的，但这也是通过他多年投资股票的经验练就的。当年一次投资经历让他明白了股市是一个充斥着各种噪音的地方，那些虚假、嘈杂、妄自尊大、相互矛盾的噪音总是会让投资者变得盲目和不知所措。所以作为一个理性的投资者，必须排除一切干扰，让自己时刻保持清醒的头脑，切忌变得人云亦云。

不想成为盲目从众而牺牲自己的旅鼠，投资者就要做到以下几点。

首先，要做到独立思考。"思路决定出路"这句话非常对。格雷厄姆曾告诉巴菲特，要想在华尔街投资成功，第一要正确思考，第二要独立思考；巴菲特的合作伙伴芒格也说："投资中真正需要的是思考而不是参考。但遗憾的是，很多人只想参考大多数人的意见盲目投资，而不想自己独立思考正确投资。"思维的对与错是学习知识和运用知识的问题，但如果不经思考盲目从众，那就是投资者自己的问题了。

其次，要加强自信。身在投资市场中，没有人能够代你承担风险，所以也不要让别人为你选择。对于投资必须自己拿主意，这样才能不被他人所干扰。即使投资最终的结果不利，也还能获得宝贵的经验。而一个将自己的成败让大众和市场去掌握的人，还能有什么成就？

第六节

利用市场的愚蠢,进行有规律的投资

在投资领域,市场就是投资者的敌人。如果一个投资者相对于市场来说是愚蠢的,那么他的结局只能是痛苦地赔钱;而如果市场相对于投资者是愚蠢的,那么市场就可能会赔钱给他。因此,一个成熟的投资者懂得利用市场的愚蠢来实现自己获利的目的。

那么,如何利用市场的愚蠢来实现获利呢?关键是利用市场情绪的波动,寻找买卖点。因此投资者的心态和投资技巧就显得非常重要。巴菲特说:"当市场明显高估某个公司股票时,你必须迅速地将手中的股票清仓给市场,因为这个时候市场的愚蠢表现在盲目乐观,而乐观背后往往就是陷阱;而当市场明显低估某个公司股票时,你就应该毫不犹豫地买进,能买多少买多少,因为此时市场的愚蠢表现在悲观、胆怯,而悲观和胆怯的背后往往就是机会,你必须趁市场发现这个机会之前抓紧时间操作。"

巴菲特的投资公司之所以能够在股市上长盛不衰,很大程度上就是因为他能够及时抓住并利用市场的愚蠢,为自己谋取利益。在对市场的看法上,巴菲特非常推崇他的导师格雷厄姆的看法,格雷厄姆是第一个将如何把握市场为自己营利上升为理论的人。格雷厄姆认为:"从短期来看,市场是一台投票机;但从长期来看,它是一台称重机。"他还提出了非常有趣的市场先生的故事:

"市场先生……不幸的是,这个可怜的家伙有感情脆弱的毛病。有些时候,他心情愉快,而且只看见对公司发展有利的因素。在这种心境下,他可能会报出非常高的买卖价格,因为他害怕你会盯上他的股份,抢劫他即将获得的利润。在另一些时候,他意气消沉,只看得见公司和整个世界前途渺茫。在这种时候,他会报出非常低的价格,因为他害怕你会将你的股份脱手给他。此外,市场先生还有一个讨人喜欢的特点,就是他从不介意无人理睬他的报价。如果今天他的报价不能引起你的兴趣,明天他会再来一个新的报价,但是否交易完全按照你的选择。在这些情况下,他越狂躁或者越抑郁,你就越有利。"

那么市场的愚蠢情绪又是如何刺激股价,从而为聪明的投资者创造出买卖点的呢?那是因为,不论一个时间段的经济情况或企业状况如何,投资市场的技术机制总会导致投资品价格朝着一个方向发展,这是由从众心理所致。这一状况会让市场在"牛市"和"熊市"两个震荡波峰中频繁转换,而聪明的投资者就可以利用波峰和波谷之间的波频赚取差价。

因此,投资者想要获取利益,首先应该把握市场的运作规律,并制定出相应的投资法则,进行有规律的投资。巴菲特认为,"市场先生是投资者的仆人,而不是投资者的向导",因此投资者必须处理好"市场的愚蠢"和"自己的聪明":一方面投资者要认识到市场的愚蠢,尽可能避免巨大的市场情绪的影响,减少和避免行为认知偏差,保持理性;另一方面,投资者要认识到自己的不足,对自己有一个客观的评价,最聪明的人是有自知之明的人,投资者要尽力避免在自己的能力范围以外进行投资决策,不要让自己成为市场愚蠢的一部分;再者,投资者要利用市场的愚蠢,要远比市场先生更加了解自己的投资产品,并能够正确评估所投资产品的真实价值,从而利用市场的短期无效性低价买入,利用市场长期内在价值回归来赚取巨大的利润。

对于市场的短期无效性和长期内在价值,很多不同派别的投资学者都对其做出了相应的解释,总体上他们认为,这两种状况是由两种投资方式所引起的，一种是短期投资，另一种是长期投资。他们认为在一个真实的存在竞争的投资市场中，任何有关某种投资产品的讯息都会被持有上述两种不同策略的投资者加以解读和定义，相对地，他们据此决定了该如何进行投资。在现实的市场中做短期投资的行为要远远多于长期投资，于是市场的短期无效性成为了主导股价的力量，本该在二者之间寻求平衡的市场，走向了忽视内在价值的愚蠢境地。因此，认识市场的愚蠢要从这方面着手，看清楚当前市场是短期投资还是长期投资在主导。

第二，投资者应尽量避免出现认知和行为错误。具体来说，认知和行为错误可以分为以下几个方面：过度自信；过度反应和反应不足；损失厌恶，不敢在需要面对失败时勇于放弃；后悔厌恶，后悔时容易采取不理性的行为，造成更大的后悔；处置效应，过早地卖出盈利的股票，长时间不愿卖出亏损的股票；心理账户，不珍惜通过投资股票得来的钱财；锚定，只看见眼前而忽视长期的价格变化；羊群行为，盲从大多数人的行为，缺乏独立思考；代表性偏差，不明白好公司的股票价格过高就是"坏股票"，坏公司的股票价格过低也可能是"好股票"；保守主义，接受新事物的速度过慢；自归因，容易将成功归于自己，将失败归于其他因素；显著性思维，高估一些概率很小事情发生的可能性。

第三，投资者对于如何投资应该有自己的一套策略，并且长期坚持这套策略，形成有规律的投资。对此，巴菲特在分析投资产品的时候有几个原则是值得我们借鉴的。

企业原则：一个聪明的投资者在进行投资时，要将自己看成是企业分析家而不是市场分析师或总体经济分析师，更不是什么有价证券分析师。这也就是说，在评估一项潜在交易或是买进股票的时候，投资者应该从企业的角度出发，衡量该公司经营体系中所有的质与量的层面，将注意力完全集中在尽可能多地收集自己想要投资的企业的相关资料上面。主要可将思考放在以下三个项目上：该企业是否简单且易于了解？该企业过去的经营状况是否稳定？该企业长期发展的远景是否被看好？

经营原则：一个公司的经营管理直接影响着公司的发展状况，而作为公司经营的主要责任人，管理人员是否合格直接关系到投资的成败。因此作为一个理性的投资者在进行投资之前要首先分析以下几个方面：所要投资的公司的管理层是否理性？整个管理层对股东是否坦白？管理阶层是否能够对抗盲从法人机构的行为？

财务原则：作为长期投资者，其主要的盈利是依靠公司的股东分成和长期增长来实现的，因此对于一个长期投资者来说，公司的财务分配原则就显得尤为重要。理性的投资者必须对以下几个名词了解并且将其运用到对公司的分析当中去：股东权益报酬率、股东盈余、每股净收益、分期摊还的费用和盈余分配。

从1966年，美国股市牛气冲天中的全盘清仓、岿然不动，到1970年，股市没有一丝生气中的欣喜若狂、持续购入；从中国股市低迷时选中中石油H股，到2007年大牛市中的迅速撤离，在巴菲特的投资生涯中，没有一处不显示着这位"股神"对市场愚蠢行为的准确预判和合理利用。巴菲特的投资手段我们如果能学到一两手，也是会受用终生的。

第四课

价　值

—要透过窗户向前看，不能看后视镜

第一节

好的企业比好的价格更重要

巴菲特曾经说过："好的企业比好的价格更重要。"好的企业不怕价高，因为如果企业有好的成长前景，买进的时候价格高了，以后随着它的发展还可能更高。所以一个聪明的投资者，在寻求企业价值与价格的平衡时，是要稍稍偏向企业价值一点的，巴菲特购买可口可乐公司的股票就是一个例子。

1988年，巴菲特开始购入可口可乐的股份，当时它的价格是5.93美元，在市场上虽算不上太高，但也是中等水平了，而一贯喜欢低价股票的巴菲特却没有犹豫，因为他看中的是可口可乐公司辉煌的历史和可预知的发展前景。果不其然，到1997年年底时，收盘的可口可乐股价为53.08美元，十年间它为巴菲特赚了超过100亿美元。

好的企业与好的价格到底哪个更重要？这是几乎每一个用心思考过的投资者都曾经头疼过的问题，相信看过巴菲特的例子之后，我们的心中应该有一个答案了。

其实好的企业与好的价格是构成成功投资不可或缺的有机整体，它们的关系用一个比较恰当的比喻就是硬币的正反面，都重要，但又有主次。都重要是因为缺一不可，缺一不能成其为硬币；有主次是指好的企业总是正面的，要优先考虑，而好的价格总是反面的，要依存于好的企业。

而在现实的投资上面，几乎所有的人都在有意识地把它们紧紧联系在一起，并且主次分明。比如我们在向其他朋友推荐一只股票的时候，首先会告诉他这只股票背后的公司是做什么的，好在哪里，然后才会提起股票的价格。上升到理论的高度，这种心态表现了投资者天生的先要选择规避风险再寻求报酬的心理。而一个成功的投资人也正是因为注意到了这两个方面，才能在股市中无往不利。

巴菲特曾经说过："如果我已经寻找到了一家令我心动的好企业，那么它在短期内的股票价格波动对我来说是毫无意义的，当然，我也会偶尔关注一下它的股价，但这只是为了能够寻找到以更便宜的价格增加股份的机会。"我们都知道，由于很多盲目的投资者的存在，股票的价格一般是反映不出其背后公司的真实情况的，因为市场上的价格是可以由供求关系进行炒作的，但企业的自身业绩必须通过企业自己的努力创造才能得到！所以，拨开股市中的层层迷雾，寻找到真正有投资价值的企业要远比在市场上觅得一个廉价的股票要重要得多。

2003年，巴菲特掌管的伯克希尔公司花费4.88亿美元大举买进中石油H股。当时中石油在香港股市的股价为每股人民币2元，可以说相当低廉了。但要知道，当时的香港股市正处于震荡之后的整合期，大盘持续低迷了几年且没有好转的迹象，市场上接近于中石油甚至低于中石油股价的公司不在少数，但为何巴菲特就单单选中了中石油一家呢？2007年，当巴菲特清仓撤出中国股市的时候亲自为我们解释了其中的缘由：

"在中国找项目，我也在遵照自己只选择好公司的做法。我讲一下投资中国石油股票的案例。大约8年前，我做的所有事情就是在办公室阅读这个公司的年报，报告是英文的，年报写得非常好。我读过报告之后和自己说，这个公司应该值1000亿美元左右，然后我看了一下该公司的股票市值。我一般是先看报告，形成对公司价值的判断，然后再看它的价格，否则先看公司的价格会在潜意识中影响我对公司价值的判断。中石油90%的股票由中国政府持有，10%在香港股票交易所公开交易，从交易价格推算，公司的总体市值为350亿美元左右。也就是说，我能用350亿美元买到1000亿美元的东西,虽然我不能买到控制权,但是我喜欢这个投资。

"有趣的是,当时我几乎能以差不多相同的条件购买俄罗斯的石油公司尤科斯,这也是一个很大的石油公司。我思考后认为,购买中国公司要比购买俄罗斯公司稳妥得多。我不知道这两个公司的管理层如何,也不知道这两个公司的石油储备各有多少,它们之间真正的差别在于,一个是在中国销售石油,另一个在俄罗斯销售石油。我对中国的感觉要好得多,所以决定购买中石油,可惜的是中国政府持有90%的股票,我买不到更多。我们买了剩下10%股票中的14%……

"最终曾经在一个时点,中石油的市值迅速增长到接近1万亿美元,虽然当时我已经不再持有中石油的股票,没有分享到全部的涨幅。当时非常有意思的一点是,中石油在年报中承诺,将把利润的45%拿出来分红。在其他大的石油公司中,没有任何一家这么写过,这非常重要,也非常难得,在美国也没有哪家公司曾书面做过这样的承诺。"

通过上面的一段话,我们不难看出,当初巴菲特之所以选择中石油作为其在中国投资的唯一对象,无疑是看中了其有中国政府做后台的背景,而这也正是让巴菲特认定中石油是一个值得投资的"好"企业的根本。而后,在确定了这个投资对象之后,巴菲特才开始着眼于中石油的股价。其实,这种先看公司好坏、再决定投资与否、最后才看股价的做法,一直是贯穿于巴菲特的整个投资生涯的。很多巴菲特的崇拜者为这种做法起了一个形象的名字:价值投资。

在股市上,没有人会否定股票的价格,因为它直接关乎投资者的利益。但是对于股票背后的企业,却很少有投资者会关心,一些极端的投资者,或者更应该把他们称作投机者,甚至毫无理由地怀疑和否定股票背后企业的真实意义。在他们看来,股票只是一种用来赚钱的工具,至于它背后的企业到底值不值这个价钱,没人关心。

但是股票所代表的企业是否有价值会因为投资者的回避而不存在

吗？当然不会。虽然一些不好的企业在短期内也会因为市场的原因而产生高昂的股价，但如果从长远的角度考虑，对投资者的投资成绩起关键作用的还是企业的真实价值。多少只股票曾经一度飙升至令人欣喜若狂的价格，但一场股灾风暴袭来，最先倒下的也是它们，而能坚持住的则是有着强大实力支撑的企业。

从根本上来说，股票就是一种商品，只不过它不同于普通的日用商品，是一种金融商品，人们购买股票也不是为了使用，而是为了获得投资收益，因此股票就必然拥有很多它特殊的属性和特点。但是，不管股票的属性和特点有多么特殊，商品的价值决定价格是永恒不变的真理。而股票的价值就是它背后的企业，股票的本质是上市企业的内在价值和其未来的发展潜质。因此，对于股票的定价就更多地取决于人们对于市场的预测。但巴菲特说过，没有任何人能够准确预测出市场的走向，因此，股票的价格往往会呈现出和其企业真实价值背离的现象，牛市一窝蜂地全都走高，熊市则一片低迷。

面对如此状况，一个成功的投资者，要尽量去发现好的企业，然后以尽量低的价格买下来。但投资者也要注意，并非所有的好股票都会出现低价，因此我们一定要耐心等待，切不可贪图低价，毫无分辨地去盲目抄底。

第二节

老天爷也不同意买入价格过高

2008年9月3日，中国果蔬饮品市场爆发了一件全国瞩目的事件，伯克希尔公司旗下的可口可乐公司附属全资子公司，宣布收购中国果汁饮料行业排名第一的中国汇源果汁集团有限公司。该公司的对外公告宣称，将以每股12.2港元，总计179亿港元的价格收购汇源果汁公司已经发行的全部股本。

根据汇源果汁公司停牌前一个交易日即9月1日的收盘价计算，如果该申请最终获得批准，那么此次收购将成为外资企业在华有史以来最大的并购案，这也是可口可乐公司历史上金额第二大的收购交易，仅次于2007年对纽约一家大型饮料集团的收购。

收购的消息一经传出，立即引起各界的强烈反响。从9月3日开始，汇源公司港股的股价短短几天内暴涨了165%，权证暴涨了193倍，人人都想借着这股东风发上一笔横财。但是到了2009年3月19日，经过反复讨论，中国商务部依据2008年8月1日起开始实施的《反垄断法》，以可能会"对竞争产生不利影响"为由，正式否决了可口可乐的这项并购申请。

在否决书下达后不久，汇源果汁公司和可口可乐公司也分别表态，表示尊重中国商务部的决定。可口可乐公司同时表明，将不会继续收购汇源果汁公司。

随着中国商务部的否决，可口可乐对汇源的收购也告一段落，但根据某些业内人士的看法，这次商务部对收购的否决，反而帮了巴菲特一个大忙。因为在2008年9月可口可乐公司宣布收购汇源果汁公司时，金融海啸还没有向纵深发展，报出的179亿港元的收购价格已经非常高了。而随着金融海啸的到来，可口可乐公司立即就为当初高昂的价格后悔了，公司董事会内反对收购的声音也越来越多。但大公司要有大公司的信誉，再加上收购议案已经提交到商务部了，因此当时可口可乐公司可以说已经骑虎难下。而商务部的否决自然给了可口可乐一个就坡下驴的机会，也让巴菲特避免了一个在他投资生涯中从未犯过的错误。

巴菲特曾经说过："虽然我们对于买进部分股权的方式感到满意，但真正能令我们雀跃的却是能以合理的价格完全地购入一家良好的企业。我们偶尔会创造如此佳绩，也希望能够再次做到，但这确实是一件相当困难的工作，它要比买进一家公司的部分股权困难得多。"但巴菲特同时也说，"无论是整体购入一家公司还是买入股票，投资者所付出的价格必须合理，买入价格过高是老天爷也不同意的事。只有买入价格合理，才能谈得上确保获利回报，但如果收购价格过高，获得报酬的年限就会过长，这无疑增加了投资的风险性，那样我可就兴奋不起来了。"

巴菲特曾在1982年度伯克希尔公司的年报中说："伯克希尔公司以前投资部分股权的做法，只有当伯克希尔公司可以用合理的价格买到那些有潜力持续增长的优秀企业时才行得通，而这需要温和的股市来配合。但股市就像天气一样晴雨无定，它有时会奖励那些未雨绸缪的人，但有时也会故意摆一个陷阱，让某些准备失当的人懊悔不已。对于我们来说，买入优秀公司的股票固然重要，但如果买入的股票价格过高，就很可能会抵消该企业未来10年的经营业绩，让我们徒劳一场。"

巴菲特曾一再强调，衡量一个企业经营业绩的最佳指标是该公司的净资产收益率，不过他也承认，这一指标对伯克希尔公司选择投资对象的影响越来越小了。原因就在于，随着伯克希尔公司在不具控股权股票即股权比例低于20%方面的投资比重越来越大，根据企业财务准则的推导,将会有越来越多的利润分配无法反映在伯克希尔公司的账面上。换言之,伯克希尔公司的这些没有控股权的股权投资所得到的经营业绩,有相当大的一部分无法出现在该公司的账面上,所以如果还像以往一样只是计算伯克希尔公司的净资产收益率的话,已经无法真实地反映其经营业绩了。

回到一年前,巴菲特在伯克希尔公司1981年年报中曾经指出,通过对伯克希尔公司旗下不具备控股权的四项主要投资进行预测,然后按照公司的持股比例,他推测出可以分配的年末利润总额高达3500万美元。也就是说,这3500万美元的利润本来是应该反映在伯克希尔公司年报上的,但现在只是因为伯克希尔公司不具备控股权,所以在年报上无法体现这笔经营业绩。而到了一年后的1982年,这四项主要投资中有三项持股比例没变,一项持股比例大幅增加,随之而来的是这笔不能反映在年报上的未分配利润超过4000万美元。

巴菲特特别提醒他的股东说,这4000多万美元不能够入账的经营利润还仅仅是这四项主要投资项目的,除此以外还有一些其他项目。因此他可以说,在伯克希尔公司年报上所反映的经营业绩,实际上还不到真实经营业绩的一半!

对于上面这一大段话,巴菲特总结说,他并不是在批评会计们做账的原则,只是想告诉所有人,在财务报表中显示的数字只是评价一家企业好坏的一个微小因素,而且是一个非常具有"欺骗性"的因素,而衡量一家企业是否值得投资关键要看它股票交易价格的高低。

最后巴菲特说,他只是希望投资者能够明白,既然作为世界上盈利最多的伯克希尔公司都存在着这样的差异,其他公司也必然会有同样的情况存在,而这正是投资者在投资的时候要注意到的。在投资之前衡量出公司的市场价格和真实价值,能够很好地帮助投资者"从各式各样的美国企业中挑选价廉物美的公司部分股权,并从一群投资行为有如惊慌失措的旅鼠手中捡到便宜货"。

在巴菲特的投资生涯中，除了收购汇源那一次差一点被套上，就再没犯过类似的错误。就如巴菲特当年在10块钱的价位上把中石油卖掉，因为他分析出中石油本来就只值这么高的价格，更高的那些都是用来钓鱼当饵料的成本，因此也就没有持有的必要了。但很多人却认为巴菲特太保守了，嘲笑他杀掉了生蛋的金鸡，对应着巴菲特的清仓他们大笔买入，结果全部掉入了股市的陷阱。

2000年，美国人就曾质疑过巴菲特的低价购入、高价躲避理论；2007年中国大牛市，股票价格过高时，巴菲特退出，中国人讥笑他：股神也不过如此；当中国股神赵丹阳因为股价太高而清盘时，人们冷嘲热讽：私募，怎么比得过公募？但结果呢？2008年股票又跌回了原来的价格：谁聪明谁傻只有时间能够证明。

投资不是一朝一夕的事情，尤其是那些长期混迹于股市靠投资为生的人，更不应该抱有侥幸的心理。在选择股票的时候，切不可一厢情愿地认为我高价买入还能以更高的价格卖出，能够在股市中生存下来的人谁也不会傻到哪儿去。所以记住这个最朴实的道理：用低价购入股票才是正途，高价买入股票是老天爷也不会同意的。

第三节

不要贪恋"烟屁股"投资法

巴菲特骄人的业绩和从未失败过的投资选择为他赢得了"股神"的称号。辉煌的投资成绩自然为人所羡慕,但更令人钦佩的是巴菲特的眼光,在五十多年的投资生涯中,巴菲特居然没有买过一只赔钱的股票,这不得不令人大呼神奇。但事实真的如此吗?其实不然,巴菲特曾经坦诚地说过,年轻时的他也曾做过很多难以忘怀的错误选择。

巴菲特回顾说,他的投资生涯中所犯的第一个错误,就是当年买下伯克希尔纺织公司的控股权。据他讲,在买入伯克希尔公司之前,他就已经认识到纺织行业已经日薄西山,没什么发展前景了。但当时伯克希尔的股票实在是太便宜了,作为一个年轻的小伙子,他无法抗拒低价的诱惑,于是便斥资购买了该公司的大部分股权。但购入该公司之后不久,他就感觉形势不对了,因为事先并未想好何时卖出,又未给公司制定一个长远的发展战略,所以公司的股价长期都在低价徘徊,没有一丝升值的迹象。后来要不是巴菲特花大力气对伯克希尔进行了改造,将其变为自己全权控制的投资母公司,伯克希尔很可能就成为巴菲特的滑铁卢了。

就在购入伯克希尔纺织公司之后不久,还未吸取教训的巴菲特又接二连三地买下了巴尔的摩百货公司、科恩公司、多元零售公司等多家公司的股票。在巴菲特购入这些公司的时候,他们的价格都非常低,而且这些公司里面的经营管理人才也非常出色,甚至在交易过程中还有一些附加优惠,如房地产增值、运用后进先出法核算存货的商品收益等等。但很快,巴菲特又一次为自己的鲁莽和"贪小便宜"付出了代价,这些公司的情况越发糟糕,他最终用了三年时间才以近乎成本价脱手。

虽然这几笔投资都没有让巴菲特赔钱,还有两家公司给他带来了颇为丰厚的回报,但他发现,这种一味贪图价钱便宜而不考虑公司内在价值的投资方法,并不是真正理想且无懈可击的投资模式。所以事后他总结说:"以我个人早年的投资经验来看,用合理的价格买下一家好公司要比用便宜的价格买下一家普通公司好得多。"

巴菲特一直强调,投资者买入股票的价格必须合理,这样才能确保获利回报。但是,这并不意味着凡是低价的股票都有购买的价值,"如果你以很低的价格买进一家公司的股票,应该很容易有机会以不错的获利出脱了结,虽然长期而言这家公司的经营结果可能会很糟糕。我将这种投资方法称之为'烟屁股'投资法。在路边随地可见的香烟头,捡起来可以让你吸一口解一解烟瘾,这对于瘾君子来说,也不过是举手之劳而已。可是对于像我这样注重长期投资的瘾君子来说就不过瘾了,而且一不小心还有可能沾上传染病。"巴菲特说。

巴菲特的意思很简单:一只股票的价格就算再低也可能不值得购买,因此投资应该强调物有所值,而不是一味贪图价格便宜就忽略了长期投资的价值。他说,除非你是一名专门负责清算的专家,否则贸然将钱放在这类股票上简直是愚不可及。

一般来讲,专门投资于低价股票的成功者必须具备以下特质:首先,他能够分析出这只股票价格之所以如此之低的原因。有些人对于要投资的公司了若指掌,能够分析出所要投资的低价公司是市场的原因还是由于公司主动力的原因;有些公司是因为业绩下降;有些公司是因为管理不善;有些公司是因为资金链断裂;有些公司则是因为官司缠身。对于这些公司他是一定不会去碰的,他只会投资于那些由于市场低估才导致低价的企业。

第二,他能够透过层层迷雾抓住有"资产重组"可能的公司。一般来说,一家公司的股价之所以过低,是与公司的现存状况分不开的。而在依靠公司自身的力量难以改变现状的前提下,依赖外部力量进行重组就有可能上演"丑小鸭变天鹅"的戏码。但重组并非一组就灵,这个过程需要的步骤非常复杂,完成起来也十分困难。因此在股市里总是有"某某企业重组失败"的新闻见诸报端,而"某某企业对某某企业的重组圆满成功"却寥寥无几。

总的来说,能够做到上述两点的人都是对股市投资技巧非常了解,而又能及时得到某些市场上得不到的消息的人,这些人一般很难在普通投资者当中出现,因此普通投资者还是不要对低价股票抱有幻想了。

首先,虽然低价格的股票在一段时间内看起来很合算,可是从长期来看一点都不值得。因为低价股票的背后往往是一些濒临破产的企业,本身就存在着这样那样的问题,通常是一个问题刚刚解决又出现另一个问题。如果没有太大的转机,这些公司是根本没有出头之日的,而购入这些股票的投资者也是很难看到出路的。

其次,低价是开始决定购买这只股票时的相对优势,但很快这种价格方面的优势就会被企业不良的经营业绩抵消掉。比如,本来是一家价值一亿美元的公司,你只需要9000万美元的价格就可以拥有它,乍看之下似乎确实很合算,但合算的前提是你必须能够在它升值之后立即找到下家,把它处理掉,无论是出售还是清算,你都可以从中赚取差价。但是如果你找不到下一个买家,而必须把它经营下去,那你是否还有信心把这9000万美元赚回来呢?恐怕就很难说了。

巴菲特还提醒投资者,千万不要以为这个道理很简单。每个投资者都有自以为是和贪婪的一面,在没有付出代价之前,很少有人能够接受他人的良言相劝,他本人也是在经历了上述那些"惨痛"的教训之后才彻底明白和接受这个道理的。巴菲特认为,投资者之所以会有这种不听劝、捡便宜的动机,归根到底在于对所要投资的行业、公司做不到十分的了解。但要求每一个投资者对其要投资的行业和公司都深入了解又显得有些"过分",因此巴菲特就建议无论投资公司还是买股票,不但要选择最好的公司,这些公司还必须拥有合格的经理人和完善的企业精神。当然这些的前提也必须是价格要合理,但这里的价格就不再是越低越好了,而要强调从长期来看物有所值。

巴菲特在佛罗里达大学演讲时说,怎样确定投资项目是一个很难作出的决定。就他而言,对于一个他不敢确信、不理解的东西是不会购买的;可是如果他对一个东西非常确信,也不一定会买,因为这些东西的回报率不会太高。一般来说,他会选择"40%回报的企业来试手气"。实践表明,投资这样的项目"我们的回报不是惊人的高,但是一般来讲,我们也不会有损失"。

他举例说,在1972年伯克希尔公司意图收购喜诗糖果公司的时候,该公司的年销售量是1600万磅,每磅售价1.95美元,税前利润400万美元,而伯克希尔公司的预计购入成本是2500万美元。这样看起来,这笔投资的价格似乎并不低,但巴菲特和他的朋友查理·芒格认为,因为市场份额和产品品牌上的优势,该公司有一种还没有被开发出来的"定价魔力"。经过市场调查,他认为,如果把1.95美元每磅喜诗糖果的价格提高到2.25美元,是不会引起销售量的大幅变动的,而这每磅0.3美元的涨价幅度,则可以让公司1600万磅的营业利润额外增加480万美元。这样一算,它原来每年的税前利润400万美元实际上应该看作是880万美元,这时候,2500万美元的买入价格就是合理的了。在低价股票中掏出了金子的巴菲特立即就作出了收购的决策。

不要贪恋低买高卖的"烟屁股"投资方式,因为跟在你低价买入后面的很可能是必须以更低的价格卖出。认真分析低价股票,拣出沙土中的金子,才是真正的王道。

第四节

选股如选美，重视企业的升值潜力

我们都在电视上看过选美比赛或者模特比赛，在这些比赛中，参赛的选手自然会为自己能否晋级下一轮、晋级决赛、成为冠军而紧张，但是在她们的背后，有一群人比她们更紧张，那就是她们的经纪人或者经纪公司。原因在于，一旦他们签约的选手获得了好成绩甚至冠军，那么知名度、曝光率、片酬就会滚滚而来，而他们也同样会财源广进。

这些经纪人或者经纪公司之所以选择在选手还没有名气的时候签下她们，说到底是看重了她们以后的发展前景，看中了她们升值的潜力。同样地，作为投资者的我们，在选择投资产品的时候，也是和这些经纪人或经纪公司一样的，我们的目标就是选中一个杰出企业，然后在它发展升值的过程中分得一杯羹。

对此，巴菲特就曾经说过："一个杰出企业的经济状况是完全不同于那些二流企业的，如果能买到某家杰出企业，相对于二流企业的静态价值，杰出企业会有扩张价值，其扩张价值最终会使股市带动股票价格。"但弄明白这个道理，却是巴菲特对其固有投资理念的一次颠覆所引发的。众所周知，巴菲特是格雷厄姆的学生和信徒，他也一直坚持着格雷厄姆的投资价值理论，但上个世纪80年代，一次对大众食品的投资让巴菲特对这一理论有了改进的想法。

大众食品公司是美国的一家老牌食品公司，向来发展缓慢，但自上个世纪70年代末起，大众食品的发展有所起色，每股盈余持续上扬。巴菲特从1985年开始购买他们的股票。大众食品收入的上升增加了其内在的价值，而公司的股价也跟着上扬，但其上扬的幅度完全没有当时市场增长的幅度大。因此即使股价上升，该公司也一直被市场以和政府公债获利相当的价格来评估，在股市上并不抢手。

1979年，大众食品每股赚得5.12美元，股票市价介于每股28~37美元，相当于有13%~18%获利率，而该年度美国政府公债的获利率却是10%。以此计算与政府公债相当的价格，大众食品每股价格应该是51.20美元。这意味着，巴菲特如果购买每年回报率10%、价值51.20美元的政府公债，一年也可以赚得5.12亿美元。此时如果遵照格雷厄姆的投资理论，巴菲特应该在该公司股价开始反映相当于政府公债获利的实质价值时选择清仓。

但巴菲特并未清仓，他相信大众食品公司属于那种具有扩张价值的企业，因此选择继续持有其股票。巴菲特预料到该股的市场价格终究会上扬，因为该企业的经济体制会让其经历长期成长，这会由增加的每股盈余反映出。一切也正如巴菲特所预料的一样，该股的市场价格上升，巴菲特赚了个钵满盘盈。

巴菲特之所以作出如此选择，是因为他得到了投资大师费雪和朋友查理·芒格的启发。20世纪70年代初，巴菲特开始逐渐意识到，格雷厄姆那种买下任何廉价股票的方式并不是一个理想的策略。他发现，有很多二流的企业是不会有可预期收入的，而一家原本经济状况就不好的企业更是如此，就算会有一段有希望的时期，可最后，商业的残酷竞争还是会排除任何会增加公司价值的长期利益。这时他及时地吸收了费雪和芒格的企业扩张价值理论，完善了他的投资思想。菲利普·费雪认为，某些具有独特财务状况的公司拥有某种发展的潜力，这种发展潜力就成为对它投资的价值。即使该公司持续以低于它实质的价值来出售股票，如果该公司的获利持续改善，股票的价格最终也会飘升，从而反映出该公司经营状况得到改善后的真实价值。

巴菲特依照该理论推断,市场价格最终还是会充分反映出大众食品的真正价值。而在市场尚未作出充分的反应之前,该公司的股票价格会一路追随其实质价值的增加而不断上扬,因此巴菲特选择了坚守。事实也证明了巴菲特的正确,不管1979年到1985年的美国投资市场风向如何,巴菲特都至少在大众食品身上获利13%。不仅如此,他还逐渐增持大众公司的股票,趁着市场还未意识到它的真正价值,巴菲特经常能够以接近于20%的市价购买到大众食品的股票。事后巴菲特说:"当时我唯一关心的是,大众食品的企业本质是不是像那种收入会继续增长的公司一样,可以保障并扩张我所估计的获利率。"

如果我们在投资市场上混迹久了就会发现,在几乎所有的情况下,一般的或二流的企业永远都是随波逐流,其股价永远是随着股市大盘的起落而起落,在大盘上涨时它比大盘的涨幅小,当大盘下跌时它比大盘的跌幅大。因此我们几乎可以立刻得出结论:这只股票的背后是一家完全不值得投资的企业。

巴菲特曾说:"一家二流企业,即使是在该企业的市场价格逐渐接近预期的实质价值时,投资人的获利仍旧会很不理想,因为所得只限制在实质价值与市场价格之间。此外,资本所得税也会吃掉获利,因为该企业原本经济状况就不理想,继续持有只会像是搭乘一艘无目的地的船,漂泊在一片不知何时会袭来暴风雨的汪洋上。"

二流公司的股票往往十分廉价,但廉价购买能够带给投资者的好处最终会被其自身的低收入慢慢侵蚀掉。巴菲特知道,时间是杰出企业的好朋友,却是二流企业的最大敌人。他也发现,如果能买到某家杰出企业,也就买到了它所拥有的扩张价值。而杰出企业的扩张价值所带来的结果就是:如果该企业持续成长,无限期地持有投资就比撤出来更有意思,这会使投资人延后资本所得税的缴纳直到某个遥远的日子,并且享受累计保留收益的成果。

在巴菲特的投资生涯中,有无数因为对企业潜力的成功挖掘而"选美"成功的案例,他对《华盛顿邮报》的投资就是一个很好的说明。对于《华盛顿邮报》,巴菲特在1973年用不到1000万美元的价格购买了它超过170万股,这些股票他直到今天都还在持有。随着《华盛顿邮报》的持续发展,当年那1000万美元早已变成了今天的13亿。在对《华盛顿邮报》投资的30年时间里,巴菲特还得到了将近18%的年累计回报率。

对可口可乐的投资也是一例。可口可乐作为有170多年历史的老牌饮料帝国,在巴菲特投资的时候,已经被市场看作是垂垂老矣、日薄西山了,因为它不但股价不低,发展前景也不明朗,公司在经营方面的做法更趋于保守。但巴菲特却完全不理市场的结论,他认定可口可乐内部还有未被挖掘出来的潜力。从1988年开始,巴菲特持续对可口可乐投资达十多亿美元。而可口可乐公司也没有辜负巴菲特的信任,用了20年的时间,到上个世纪末,它还给了巴菲特超过130亿美元的股票面值,为巴菲特带来了超过100亿美元的收益。

对升值潜力的发现和投资在我国流传已久,并且已经有了一个相当生动的词汇——烧冷灶。对于投资者来说,烧冷灶烧对了无疑是一件名利双收的事,这可能是投资领域中最令人兴奋的事了,但是烧冷灶也需要极其独到的眼光和超人的果敢。在这里,我们就要向"股神"好好学习了,学习他的眼光和果敢,更要学习他的学习能力和耐性。

第五节

注重企业的盈利能力

现在有很多投资者都在学习巴菲特评估投资对象的方法,但他们却忽视了,在这些方法的背后,是巴菲特坚持不变的投资原则。巴菲特对于自己投资原则的坚持是有目共睹的,在他的投资生涯中,曾无数次被人质疑、招人奚落,但最后取得胜利的却都是他,这与他坚持原则的做法是分不开的。

在巴菲特的投资原则中,最典型的应该就是他对于企业持续能力的重视了。巴菲特说过,他不怎么重视企业年度的营运绩效,而是会把目光放在每四年或每五年的平均值上。他幽默地指出:"一个优秀企业创造营业收益所需的时间,通常不大可能与行星绕太阳一周的时间相吻合,但那些专靠虚假报表捏造辉煌业绩的公司则很可能保持这个节奏。即使是投资一个明星企业,也不可能今天投下钱明天就能获得利润,因此你应该看得更长远一些。三年之后、五年之后或者十年之后,你再回头看看当初,就会发现,原来赚钱是这么容易。因此我想买入企业的基本标准之一就是:该企业要显示出有稳定的盈利能力。我宁愿要一个收益率为15%、资本规模是1000万美元的中小企业,也不愿要一个收益率为5%、资本规模是1亿美元的大企业。"

巴菲特把企业的盈利能力看作是衡量一项投资可行与否的准则,是很有道理的。因为盈利能力是企业回报投资者的基础,如果一个企业没有长期的盈利能力,而只是因为供求关系而发生股价暴涨,那也只能说是人们的投机行为在作祟；而当人们投机的热情开始衰退时，该企业的股价也就无力保持在同样的水平了，因此投资这样的企业是十分愚蠢的行为。对此，比较保险的做法就是：将钱投入到那些盈利能力强的企业中去，而高的回报率很有可能一再重复，甚至远超当时的债券或现金回报率。因为从长远来看，盈利能力强的企业，其股价是一定会上涨的。

巴菲特强调说："我所看重的是公司的盈利能力，这种盈利能力是我所了解并认为可以保持的。"在对盈利能力的分析中，巴菲特主要关注以下三个方面：

第一，公司产品的盈利能力。巴菲特所谓的产品盈利能力，并不是要分析所要投资的公司产品盈利能力与其他同类公司相比是否最高，而是与同行业竞争对手相比，该公司要不断有改善产品、降低成本、提高服务之举，从而使得其产品盈利水平远远超过其他竞争对手。

这一思想是巴菲特发扬投资大师费雪的理论得来的。巴菲特十分钦佩费雪，他们都十分重视公司产品的盈利能力，这主要体现在公司的销售利润率上。他们认为，如果管理者无法把产品变成利润，那就意味着企业的生产没有创造任何价值。巴菲特选择的公司的产品盈利能力在所有上市公司中并不是最高的，但是在这些公司所处的行业中，它们的产品盈利能力与竞争对手相比，往往是竞争对手们可望而不可及的超级水平，吉列、可口可乐就是此类。

因此，寻找正在上升的行业，然后在该行业中挖掘出销售量最大、销售毛利率最高的产品背后的公司进行投资，就成为选择投资企业的一个重要手段了。投资者要有前瞻性地重视目前仍是"丑小鸭"，但未来毛利率可能会产生大幅提高有望变成"天鹅"的成长类个股。看一看诸如该公司最近有没有什么新项目要投产？最近该公司是否取得了优于市场的专利？该公司是否刚刚通过技术改造或大修理提升了产能？该公司在产品创新方面是不是一直领先于市场，如今只是暂时进入发展瓶颈？

第二,公司权益资本的盈利能力,即我们常说的净资产收益率。在公司没有负债或负债很少的情况下,这代表了公司利用现有资本盈利的能力高低。需要指出的是,成长中的企业有机会把盈余的大部分以高回报率进行再投资,这样的企业最能创造利润。因为巴菲特相信,在负债少或根本就没有负债的情况下,企业所实现的股东权益回报率才是真正的企业实力的体现。

但很多人在分析一个公司的盈利能力时,却迷信于该公司通过增加负债比率来提高的那些利润。对于这一情况,巴菲特当然了解,但是为了提高伯克希尔的股东权益回报率而增加负债这个主意,对巴菲特而言,实在是不怎么样。巴菲特曾说:"好的企业或投资决策不需要负债就可以产生令人满意的经济成果。"

此外,高负债的公司在经济衰退期间非常容易受到伤害,巴菲特是不会拿伯克希尔股东的福利来冒险的。我们回顾巴菲特以往的大部分投资,几乎都具备这一基本的财务特点。

第三,公司留存收益的盈利能力。留存收益是指企业利润中管理层未向股东分配而继续将其投入到企业运作中的那部分。留存收益进行投资的回报如何,代表了企业管理层运用新增资本的能力,也代表了公司利用内部资本的成长性能力的高低。

在巴菲特看来,留存收益的盈利能力是衡量一个企业盈利能力最根本的要素。巴菲特就曾经把他的投资标准定为:只选择那些能将每一美元的保留盈余,转化成至少有一美元市场价值的公司。

巴菲特认为,如果一家公司的经营者能够一直拿他们公司的资金做最佳的投资,那么经由这种测验方式,将能很快突显出其优异的回报率。如果把所有的保留盈余都投资在这样的公司,并且得到高于平均水准的报酬,那么公司股票的市场价值将成正比大幅上涨。

我们看到,从1973年到1992年这20年间,《华盛顿邮报》为它的投资者赚得了17.55亿美元，从这些盈余中公司分配给投资者2.99亿美元，保留了14.56亿美元，转投资于公司本身。在1973年，《华盛顿邮报》的市场总价值是8000万美元，之后其市场价值就一路上涨到27.1亿美元。在那20年间，《华盛顿邮报》为它的股东所保留的每一美元盈余，经转投资后其市场价值都增值为1.8美元。

再看可口可乐，从1988年开始，可口可乐公司在市场上的表现就非常突出；在1992年，它的股票每股从10美元升到45美元，其绩效也超越了史坦普工业指数。从1987年以后，可口可乐的市场价值就从141亿美元上涨到了541亿美元。当支付28亿美元股利给股东，并由保留盈余的转投资中获得42亿美元时，公司已经产生了71亿美元的盈余。对于公司所保留的每一美元盈余，它创造了9.51美元的市场价值。

当年，巴菲特对《华盛顿邮报》投资的1000万为他赚回了2亿，对可口可乐公司投资的13亿为他赚回了70亿。这两笔投资在向人们展示巴菲特独到眼光的同时，也让世人为巴菲特简单而又实用的投资原则而惊叹。因此，我们要学习巴菲特，就要首先从他投资的原则、选择企业的标准开始学起。高水平的盈利能力必然会实现公司股东权益的高速度增长，相应地也会推动公司内在价值及股价的稳定增长。集中投资于具有高盈利能力的优秀公司，正是巴菲特获得巨大投资成功的重要秘诀之一。

第六节

评估企业价值，越保守越可靠

"一鸟在手，胜过二鸟在林"，巴菲特曾经在多个场合引用过《伊索寓言》中的这句哲言。他之所以如此喜欢这句话，关键在于其中渗透着无限的哲理，给巴菲特的投资生涯带来过无限的启发。这句话的意思是说：尽管只有一只鸟，可它已经被牢牢掌握在你的手中，是看得见的现实利益；树林里虽然有两只鸟，但这两只鸟究竟能不能被你抓住，能抓住几只还不知道，有可能是两只，也可能是一只，甚至可能连一只也抓不住。在估计战绩时，千万不能过于乐观，否则希望越大，失望也会越大。

如果我们把这些小鸟理解为投资收益，那么就不难明白投资应有的态度了。巴菲特认为，一个理智的投资者在进行投资之前首先有必要回答以下三个问题：第一，我有多大的把握确定树林里有小鸟；第二，这些小鸟会在什么时候出现，会有多少只小鸟出现；第三，我怎样才能确保抓住小鸟而自己不迷路？

巴菲特说："在这三个问题当中，前面两个问题并没有具体数值，如果要确定具体数值那不但非常困难，而且是非常愚蠢的。所以最好的办法，就是要在对公司的经营情况有大致了解的基础上，发挥自己的独立思考能力，从而得出一个虽然有误差、但仍然可信的区间范围。当然，有时候即使得到了这样的估值区间，也不能给你带来实际帮助。因为在许多时候，哪怕是最聪明的投资者，都无法确定树林里到底会出现几只小鸟，至少你没有任何证据能够加以证明。如果遇到这种情况，这时候的投资就只能算是投机——投资回报率高低纯粹是碰运气而已。"

巴菲特这段话的意思是：对于投资的估计就如同预测树林中的小鸟一样，我们无法预测投资的获利情况，也无法知道投资的价格何时会出现涨跌，那么我们所要确保的就是，在抓到小鸟之前，先保护好自己，不让自己迷路。

巴菲特举例说，在伯克希尔公司，他们从来没有想过从无数个没有经过内在价值评估的公司中寻找幸运者，因为他很有自知之明，知道自己"还没有聪明到这个地步"。相反，他们总是坚持不懈地试图回答上述三个问题，试着通过比较保守的估计，来确定公司内在价值的大致范围，从而增强投资的安全性。因此，在对一项投资进行评估的时候，越保守反而是越可靠的。

巴菲特认为，投资者对投资对象的内在价值进行估测时，千万不要陶醉于美好的幻想。由于各个公司未来的业务发展前景都是不稳定的，因而从长远来看，盈利的数量和时间都难以确定。这时候唯一正确的办法是"就低不就高"，先保守地估计情况，然后再确定投资与否。许多投资者投资失败，原因就在于过高地估计了投资对象的内在价值，偏离了现实，最终作出了错误的决定。

"当经理们想要你投资于他们的企业时，他们总是会向你大肆描绘一番企业的大好前景，这些可以通过发布相关会计报表来进行。但不幸的是，当他们想弄虚作假时，起码在一些行业，同样也能通过会计报表的规定来进行。因此，如果你在不能辨认出其中差别的情况下就轻易地掏出了自己的钱，你也就不必再在资产管理行业中混下去了。"

因此，在对一项投资进行估价的时候，巴菲特总是遵循着他的老师格雷厄姆的教导，同时还对老师实现了超越。在尝试市盈率估值法则失败之后，巴菲特干脆从利润转向了现金，用现金流量这个更准确的盈利能力指标来进行估值。所谓现金流量，其实就是企业一定时期的现金流入和流出的数量。

现金流量估算法最早是1942年由约翰·布波尔·威廉姆斯提出的,而巴菲特对其进行了发扬,并将这种估值方法精炼为一句话:"今天任何股票、债券或公司的价值,都取决于在资产的整个剩余使用寿命期间预期能够产生的、以适当的利率贴现的现金流量。"巴菲特还修正了他的导师对内在价值的定义:"内在价值可以简单地定义如下:它是一家企业在其余下的寿命中可以产生的现金流量折现的现值。"可以说,正是因为成功地运用了现金流量估值法,巴菲特才正确估计出了一只又一只股票的内在价值,并从中发掘出几只被严重低估的超级明星股,最终成就了他世界股神的地位。

那么运用现金流量进行估值的具体方法又是怎样呢?使用这种估值法需要考虑两个核心因素:第一,未来的现金流量是多少;第二,折现率是多少。

对于第二个问题,我们可以很轻松地解决,巴菲特制定了一个标准:任何公司的折现率都不能低于长期国债利率。这又是一个保守的最低标准,因为表现越稳定、越优秀的公司,其折现率就越低;公司经营越不稳定,其折现率就越高。这就像我们去商场买东西,商场里面越是好的东西,越不会打折,而只有那些积压、快下架或者无人问津的东西才会打出大大的折扣。

对于第一个问题,我们需要考虑的就比较多了。首先要问,我们投资于某个公司是为了什么?我们买的是它的未来。我们在买进一个公司的股票时,公司过去的利润是属于老股东的,作为新股东,我们能得到的是这个公司在进一步发展中带来的利润分成。那么,公司未来能为你赚多少钱呢?谁也无法告诉你一个准确的数字,你只能自己大致预测。而我们怎样才能比较准确地进行预测呢?对此,巴菲特在日常生活中找到了一个形象的例子。我们每个人寻找结婚对象、终身伴侣的最终的目的是什么?是未来!所谓的未来会如何呢?不知道!两个人要在一起过上一辈子,难保不会发生摩擦、出现问题,最好的做法就是在自己认识的人里面找一个最熟悉、最可靠、最符合你标准的作为终身伴侣。这样的做法虽然保守,但却是最安全的,因为你了解对方。陌生的人虽然能给我们带来无限的遐想,但"闪婚"的下一步可能就是"闪离"。投资也是如此,我们投资的公司必须既是我们有能力评估的,又是我们很熟悉的。只有选择那些我们有把握推断其业务将长期稳定的公司,在预测未来的现金流量时才不会有太大的差错。

而一旦对所要投资的对象熟悉了,对于它的未来现金流量的预测也就很简单了。我们只需要看它的现金流量表,其中有一项是每股经营性的现金流量,我们可以根据过去长期稳定的经营情况,大致推算出未来的现金流量,然后再扣掉这个公司平均每股的长期资本支出,得出来的就是每股自由现金流量。因为熟悉,所以可以分辨出这些数字的真伪,而对于不熟悉的对象则非常困难!

巴菲特在选择投资对象时就很好地遵循了保守的原则,他选择的几乎都是自己非常熟悉的公司,而且这些公司也几乎无一例外的保守和稳定。比如:可口可乐公司被认为是美利坚历史的象征;《华盛顿邮报》的企业文化从1877年开始到现在已有130多年的历史;吉列刀片从1901年到现在也有100多年的经营历史。巴菲特甚至觉得这些公司稳定的程度都已经超越了美国政府,"政府每四年就要换届一次,选举一名新的总统,但是这些公司的存续时间比美国总统的任期长多了。"

保守,保守,再保守,这是巴菲特在预测公司价值时坚持的原则。巴菲特曾经诚恳地说:"在几千家上市公司中,我真正有把握预测出未来现金流量的公司,只有极少数。因此,我在预测未来现金流量的时候,所坚持的原则就是保守和谨慎,否则的话,我估算出来的价值会出现严重的错误,从而让我的投资承受重大的风险。"

第七节

投资具有持续竞争力的企业

1988年,在伯克希尔公司的年会上,巴菲特在对股东阐述自己的价值评估理论时曾经说过:要想正确评估一个企业的价值,首先应该预测该公司从目前开始的长期现金流量,然后再用一个恰当的贴现率来进行贴现,这就是价值评估的正确方法。但这个问题的关键在于我们对企业未来现金流量的预测有多大的把握,一些企业的未来现金流量容易预测,有些企业则不然。举个例子,一家自来水公司的未来现金流量要远比建筑公司容易预测得多。

如果对巴菲特几十年投资生涯做一个总结,我们就会发现,他总是将更多的精力放在那些未来现金流量比较容易预测的企业上面。在巴菲特看来,一家企业的未来现金流量代表着这家企业是否稳定。巴菲特说:"价值评估的准确性取决于对公司现金流量预测的准确性,而现金流量预测的准确性则取决于公司经营的稳定性。因此,对于未来保守的估计,只能建立在公司长期稳定的历史经营基础上。"

巴菲特对所要投资的公司在业务方面的长期稳定的重视已经到了无以复加的程度。巴菲特曾说:"经验显示,经营盈利能力最好的企业,经常是那些现在的经营方式与5年前甚至10年前几乎完全相同的企业。当然管理层决不能过于自满。企业要好好把握进一步改善服务、产品线、生产技术等方面的机会,但不能过于频繁,一家公司如果经常发生重大变化,就可能会因此经常遭受重大失误。推而广之,在一块动荡不安的经济土地之上,是不太可能形成一座固若金汤的城堡似的经济特许权的,而这样的经济特许权正是企业持续取得超额利润的关键因素。"

从上个世纪80年代开始,巴菲特就多次在伯克希尔公司的年会上对股东们重申自己所钟爱的企业的标准之一,就是要具备"经过证明的持续盈利能力"。

巴菲特对预测未来收益并不感兴趣,因为他不相信有人能够准确预测市场。他说:"查理曾经提醒我注意,伟大企业的优点在于其巨大的盈利增长能力。但只有在对此非常确定的情况下我才会行动。不要像德克萨斯仪器公司或者宝丽来公司那样,它们的收益增长能力只不过是一种假象。"这句话的意思也就是说,一个企业的收益增长能力是可以通过短时间的股市运作或者改变会计处理方式"做"出来的,但是这并不代表该企业拥有持续的盈利能力。

对此,巴菲特的导师格雷厄姆指出:"定价越是依赖于对未来的预期,与过去的表现结果联系越少,就越容易导致错误的计算结果和严重的失误。一个高市盈率的成长型股票,它的大部分价格构成来源于同过去的表现有着显著不同的预测结果——现有的增长可能除外。"

因此,评价一家企业是否有持续的盈利能力的正确做法应是:根据真实的并且经过合理调整的公司历史收益记录,计算出它的长期平均收益,并以此为基础推断分析公司未来可持续的盈利能力。需要特别注意的是,我们在计算企业的平均收益时,必须要选择相当长的年度跨越,因为长期的、持续和可重复的收益记录总是要比短暂的收益记录更真实,更能说明企业盈利能力的一贯性。

下面,我们来分析一下巴菲特在其分析实践中主要采取的两个指标,这两个指标在巴菲特对企业的长期经营记录分析时起着至关重要的作用,可以说,它们是巴菲特评价一家企业是否有投资价值的"骰子"。

第一,股东权益报酬率。格雷厄姆和他的研究伙伴多德曾经指出:盈利能力的计算应是"平均收益",即根据过去相当长的一段时期内的数值,计算出企业实际获利收益的平均数,从而形成未来的平均收益预期。这种平均收益绝非简单的算术平均加除法得来的,而是"具有正常或众数意义的平均值,其内涵在于每年的经营结果具有明确的接近这个平均值的趋势"。

遵循导师的理念,巴菲特也把对这种基于长期平均收益的盈利能力的分析,看作是比当前收益率更能反映出公司长期价值创造能力的分析方式。他说:"衡量公司价值增值能力的最好指标是股东权益报酬率;而衡量公司经营管理业绩的最佳标准,是取得较高的营业权益资本收益率,而不是每股收益的增加。我认为,如果管理层和金融分析师们不是将最根本的重点放在每股的收益及其年度变化上的话,就可以帮助公司股东以及社会公众更好地理解公司的经营情况了。"

巴菲特不只一次地在伯克希尔公司的年报中说,自己钟爱的企业应该是那种"在少量负债或无负债情况下具有良好的权益投资收益率"的公司。而且,对公司价值创造能力最基本的检验标准,也是其使股本投资获得高水平回报的权益投资收益率,而不是每股盈利的持续增长,当然这个收益率应该是在没有任何故弄玄虚的财务杠杆和会计做账方式改变的情况之下实现的。这种相对"干净"的权益投资回报率表现了管理层利用股东投入资本的经营效率。集中投资于具有高水平权益投资回报率的优秀公司,正是巴菲特在投资市场上屡战屡胜的重要秘诀之一。

第二,账面价值增长率。如果一个公司能够持续地以一个较高的速度提高每股盈余,相应地,该公司股票的账面价值也会以一个较高的速度不断增长。如果时间足够长,账面价值的增长则必然会推动公司内在价值及股票价格按照相应速度的增长。

巴菲特在伯克希尔公司1996年年报中说:"尽管账面价值不能说明全部问题,但我们还是要给大家报告,因为至今为止,账面价值仍然是对伯克希尔公司内在价值大致的跟踪方法,尽管少报了许多。换言之,在任何一个年度里,账面价值的变化比率很可能会合乎逻辑地与当年内在价值的变化比率十分接近。"

如果能够找到一些分析美国股市的文章,我们就不难发现,100多年前诞生的美国股市不断用事实证明了一个现象:股票价格与净资产比率围绕其长期平均值波动。在这期间最显著的表现就是诺贝尔经济学奖获得者詹姆斯·托宾在1969年提出的Q值的长期稳定性理论。说得简单一点,就是指一个公司股票的市场价值与公司净资产价值的比率,或者公司每股股票市场价格与每股净资产价值的比率,总是存在着某种规律性的契合。后来的学者罗伯逊和赖特也在其论文《有关长期股票回报率的好消息与坏消息》中,用100年来美国股市的统计数据表明了Q值的平均值具有令人惊奇的长期稳定性和均值回归规律。

企业的每股盈利是非常容易受到许多因素影响的,而且公司的管理层也可以采用多种合法的会计手段来操纵盈利。这样看来,每股盈利在很多情况下是不能准确地反映出公司的价值创造能力的。因此,巴菲特摒弃了对每股盈利的研究,转向对企业账面价值的研究,因为账面价值的变化相对稳定,不易受到其他因素的影响。所以,将账面价值作为反映企业经营稳定能力的指标再合适不过了。

投资是一项风险极大的活动,因此在拿出手中的钱之前,我们应该慎重考虑,这不仅是对市场负责,也是对我们自己负责。对企业的分析需要点面结合,其中最核心的就是考虑企业持续的盈利能力。如果能够找到一家持续盈利能力强的企业,并且长期持有它,那么可以说你的投资已经成功了一大半。

抓住一家拥有持续盈利能力的企业,也就是抓住了市场的主线。即使没有及时把握住一些买卖的机会,持续的盈利回报仍可以帮你实现可观的投资收益。可以说,选择具有持续盈利能力的企业,就是在分享整个市场的成长果实。

第八节

关注那些管理品质优秀的企业

投资者在将资金投入到企业中时,其实就等于把钱交给了企业的管理者,因为对于理性的长期投资者而言,他们的收益更多的是来自于企业的长期成长。因此,他们所投资的企业能否不断地发展壮大就成为了投资成功与否的关键,而作为企业活动最终的决策者和实行者,企业的管理者在其中的作用也就不言而喻了。

作为投资领域最成功的人, 巴菲特在考虑购买某个企业的股票时,就十分看重企业管理阶层的品质。他曾经说过,凡是伯克希尔所要收购的公司,都必须有值得他信赖和赞赏的管理人员。

巴菲特对拉尔夫的看重就说明了这一点。伯克希尔公司投资的所有企业中,有三家公司都是由拉尔夫领导的,它们是世界百科全书、科比吸尘器公司和斯科特·费策公司,分布在三个不同的行业。因此可以说,巴菲特简直就是在追随着拉尔夫的就职脚步进行投资。事实也证明了巴菲特的眼光,仅斯科特·费策一家公司,就在1986年到1987年这一年的时间里为巴菲特带来了超过10%的收益。

同样, 对于波仙珠宝公司的投资也是一个很好的例子。巴菲特在1989年的伯克希尔公司年报中说:"伯克希尔公司1989年收购波仙珠宝公司后,当年的营业额就有大幅度增加,这一切都要归功于他们的总经理艾克·弗莱德曼。四年前,波仙珠宝公司选择弗莱德曼作为他们的经理,并在他的要求下搬到了现在这个地方来营业。而这四年间,公司的营业额已经比过去增长一倍,这充分说明了艾克·弗莱德曼简直是一个管理天才。我选择投资给他,是因为我相信他完全有能力让手下的企业全速前进。"

巴菲特对管理人员的要求始终是,要以身为公司负责人的态度来办事和思考,将公司的利益放在第一位。巴菲特对于那些看重自己的责任,能完整而翔实地向股东公开所有营运状况以及有勇气去面对问题、解决问题的管理人员,是从来不吝惜自己的投资的。巴菲特说过:"一个管理人员只要把自己看成是公司的负责人,他就不会忘了公司最主要的目标——增加股东持股的价值。所以将钱投给他进行管理,是最安全不过的事情了。"

"股神"的话字字珠玑,我们在思考的同时,也应该发掘出这句话背后所包含的思考方式。学习巴菲特重视投资对象的管理者固然重要,但学习他如何分析管理者的好坏则更为重要。明确地说,对于一个有投资兴趣的企业,巴菲特在考察其管理者的时候主要考虑以下因素:

首先,看管理层是否理智。在巴菲特看来,如何处理公司的盈余,是进行再投资还是将其分配给股东,是一个牵涉经营理念与理性思考的课题。因为尽最大努力获得更多的盈余是企业最根本的目的,而分配盈余则是最重要的经营行为,可以说一个公司盈余的分配能直接决定公司的股票价值。因此,巴菲特将能够理性地分配公司盈余看作是评价投资对象管理者的第一项最重要的指标。

如何运用盈余与公司的发展状况、生命周期都是息息相关的。随着公司的成长,它的生产、销售、盈余以及现金流都会发生大幅度的变化。在发展的初级阶段,开发产品和建立市场都需要花很多的钱;接下来如果发展得顺利,公司会进入快速成长的阶段,开始获得预期的利润,但因为对利润的盲目追求、盲目扩大生产和服务,快速的成长可能会给公司带来资金链断裂等很多无法承受的负担。对此聪明的管理者通常不只保留所有的盈余，也会以借钱和发行股票的方式来筹措成长所需的资金；成熟期是公司发展的第三个阶段，在这一阶段中，公司的成长率减缓，并开始产生发展和营运所需的现金盈余；最后公司进入衰退期，面对盈余的严重萎缩，管理者需要及时调整战略，发掘新的发展土壤。

在第三和第四个阶段中，尤其是第三阶段，公司的管理者最常要解决的问题就是如何处理这些盈余。如果将过剩的现金用在内部转投资上，且能获得平均水准以上的股东权益回报率——高于资本成本，那么就应该保留所有的盈余做转投资；如果用作转投资的保留盈余比资本的平均成本还低，这么做就完全不合理了。

但很多管理者总是会自以为是地认为，回报率过低不过是暂时的，因此往往选择继续将盈余放在生产上面。他们相信以自己的本领，一定可以帮助公司赚到更多的钱；而股东们则因为平日里不参与公司的具体生产经营，很容易就会被管理人员坚持的公司情况一定会改善的看法所迷惑。如果公司一直忽略这个问题，公司的现金将会逐渐被闲置或者不当使用，最终导致经营状况的恶化，从而使股价也跟着下跌。

对于如何支配公司的盈余，巴菲特还提出，一个理智的投资者还应积极地投入股市买回自己公司的股票。这种行为表示他是以股东的利益为第一位的，而不是只想草率扩展公司的架构，从而为自己增加光辉的履历。

其次，管理层对他的投资者是否诚实。巴菲特非常看重那些完整且真实地报告公司财务状况和营业状况的管理人员，尤其尊敬那些不会凭借一些不为普通投资者所了解的会计原则，隐瞒公司营运状况的管理者。这类人能够把成功分享给他人，同时也勇于承认自己的错误，并且永远向投资者保持负责任的态度。

在巴菲特的投资生涯中，他最重要的信息来源就是公司的公报，在这些公报中做假在巴菲特看来是不可容忍的事情。同时,巴菲特还特别赞许那些敢于公开承担和讨论失败的企业管理者。根据巴菲特的说法,每个管理者或多或少都会犯下一些错误,能在犯下错误之后第一时间承认并寻找补救办法的管理者,要远比那些只知道逃避责任的管理者可靠得多。

第三,管理层能否拒绝跟风。我们都知道,坚持面对错误然后解决掉它,可以增加自己的智慧和他人对自己的信赖度,那么为什么还总是有这么多的管理者报喜不报忧,在年度报告中只宣扬其成功的业绩呢?从上面可以看到,资本支出的配置是如此简单就可以做好的事,那又为什么会有那么多资金因运用不当而导致亏损呢?

巴菲特认为,这些问题的根源,就是管理者如旅鼠般盲目的行动。企业的管理者会自然而然地模仿其他管理人员的行为,不管那些行为是多么愚蠢、多么违反理性。巴菲特说,这是他企业生涯里最让他惊讶的发现。在学校里他一直以为,那些经验丰富的企业管理者都是诚实而聪明的,而且懂得做出理性的营业决策;但等他真正地踏入了企业界,才知道,"一旦盲从法人机构开始发酵,理性通常会大打折扣。"

在巴菲特看来,盲目跟风的企业管理者行为主要有这三种情况:第一,管理者拒绝改变他为公司制定的运作方向,即使方向已经出现了问题;第二,领导者提供的任何关于企业的行动计划,不管有多愚蠢,都会迅速获得属下的支持,他们会提出详细的回报率及策略研究作为回应;第三,面对同一行业、同一级别公司,不管对方是正在扩张、收购,还是正在调整公司的组织结构、重新分配员工的薪资,他都会被毫不犹豫地仿效。如果一家公司的管理阶层中出现了以上三种状况,那么买入他们的股票无异于是在拿自己的钱开玩笑!

第五课

集 中

——少就是多,把鸡蛋放在一个篮子里

第一节

集中投资就是计划生育:股票越少,组合业绩越好

如果你选择生很多孩子,那么就必然会导致对每一个孩子的培养都力不从心。因为你的精力和金钱是有限的,孩子越多每个人分得的也就越少。与其这样你还不如少生几个或者干脆只生一个,然后将全部的精力放在对这一个孩子的培养上,这就是计划生育理论。

其实在投资领域,也是有一种"计划生育"理论存在的,巴菲特就是这个理论坚定的支持者。在巴菲特看来,搞清楚一家上市公司的内部管理和经营情况是要花很大力气的,这需要花费大量的时间、精力、金钱。因此对于个体的投资者来说,一下子选择多只股票去研究是极其不明智的。

巴菲特认为,投资者应该只购买自己了解的、熟悉的,经过自己反复分析、研究和跟踪过的上市公司,而不是那些一知半解或者干脆就一点也不了解的公司。但在投资者当中最流行的却是道听途说,当听到所谓的"消息灵通人士"、"专家"说某家上市公司的股票好时,就会毫不犹豫地买入。这只好买这只,那只好买那只,这样慢慢下来手中的股票就越攒越多,甚至有些股票是什么时候买入的都不记得了,但口袋中的钱却越来越少。

对分散投资这样愚蠢的做法,巴菲特是坚决反对的。巴菲特认为,普通投资者一次性持有15只以上的股票是非常愚蠢的举动。观察我们的周围,大多数中小户股民持股也确实没有超过15只,那么为何这么多

的人中不止没出现一个巴菲特，甚至连最后盈利的人也寥寥无几呢？这就要从普通股民与巴菲特在选择股票时的策略说起了。

巴菲特在集中投资的同时，还坚持对所要投资的企业做深入的了解。巴菲特说："如果我了解了某些上市公司，并对它的长期经营情况了如指掌，对未来的收益也能很好地计算和把握，那么买入这样的上市公司对我来说就是最有把握的投资了。"由此可以看出，巴菲特的集中投资是建立在自己非常了解上市公司的基础之上的。

既然对所要投资的企业做了充分的了解，巴菲特用最少的产品组合赚取最多的利润的投资策略也就必然显得无比实用了，因为这样既能避免他在只是对企业或者只是对股价感兴趣的时候不由自主地进行分散化投资，又能确保他在确信某家公司的股票值得投资时有能力、有财力进行大规模投资。这一点才是普通投资者最应该学习的。

但真实情况却是，大多数投资者只看见集中投资形式上的简单和方便，却没有把集中投资建立在熟悉和了解上市公司的基础之上。这种只图买卖简单和方便的策略有相当大的风险，买入自己不了解的上市公司，集中投资度越大，风险越高。他们就会产生出集中投资风险过大的错觉，于是分散投资化解风险的理论就形成了。

面对做不到了如指掌的股票，投资者采取分散投资的办法确实可以降低一定的风险；但是如果我们只买入自己了解和熟悉的股票，那么这种分散减少风险的做法就没有任何必要了。

分散投资无论出自理论和技术性考虑，最直接的原因还是投资者对于所要投资的公司的了解程度。当我们对上市公司很了解时，或者当我们只买入自己了解的上市公司时，我们自然会重仓出击，无意中选择了集中投资也就是很自然的事情了；而在对不了解的行业或者上市公司投资买入时，由于心中无底、信心不足，往往会以试探的方式进行，以轻仓少量买入为主，这样自然会形成分散投资的习惯。所以，如果我们的投资思路建立在只购入非常了解的股票上,那么分散投资理论根本没有任何意义。只买入我们熟悉和非常了解的股票时,集中投资的优势就会立马显现出来。

纵观巴菲特的投资生涯,他一直都是集中投资策略的拥趸。他总是将大部分的资金集中投资在少数几只优秀企业的股票上,也正是这少数的几只股票为他带来了投资利润中的大部分。这正好与投资领域非常著名的80/20原则相吻合,即投资者80%的投资利润来自于20%的股票,最多的利润来自于最少的股票组合。

"如果你有40个孩子,你就无法对任何一个都有清楚的了解。投资人绝对应该好好守住几只看好的股票,而不应朝秦暮楚,在一群内在价值欠佳的股票里抢进抢出。我们的投资仅集中在几家杰出的企业上,我们是集中投资者。分散性的投资只是针对无知的投资者的一种保护。对于那些知道自己应该做什么和正在做什么的投资者,分散投资没有任何意义。"巴菲特如是说。

而且从财务利益的观点来看,巴菲特采用的这种长期而集中的持有策略,比起抢短线且分散的投资方式也显得更为简单实用。巴菲特曾经算过一笔账:"假如我们做一个每年成长1倍的一块钱投资,那么当我们在第一个年度结算时出售,我们的净收益为0.66美元。如果我们继续以每年相同的动作投资,并不断出售且支付税金,同时将收益转为投资,20年后我们的获利数额将是25200美元,所支付的税金总额为13000美元;但是,如果我们做了这项投资,而后放在手中20年都不动,那么我们的总收益将高达692000美元,所付的税金则为356000美元。如果我们把资金集中到这些股票上,获利将更加丰厚。"从这个例子中我们看出,选对股票并长期持有与"广泛撒网、见风使舵"的分散投资在最终的结果上有着多么巨大的差别。

巴菲特说:"如果我的公司可投资范围非常有限,比如,仅限于那些在奥马哈这个小镇的私营公司,那么,我会这样进行投资:首先,评估每一家企业业务的长期经济特征;其次,评估负责企业经营的管理层的能力和水平;最后,以合情合理的价格买入其中几家最好的企业的股票。我绝对不会把资金平均分散投资到镇上的每一家企业中。那么既然这样,为什么对于更大范围的上市公司,伯克希尔就非得采取完全不同的投资策略呢?要知道,发现伟大的企业和杰出的经理是如此困难,为什么我们非得朝三暮四而不选择去投资那家已经被证明了的公司呢?所以我们的投资策略就是:尽量在最少的公司里面挖掘最大的升值潜力,用最少的股票组成最有效率的投资组合。"

第二节

集中投资几家优秀的公司

曾经有金融媒体做过调查,除了将个人资产的95%投资于伯克希尔公司外,"股神"巴菲特还将剩余的5%投资于另外十只股票,仅这一部分的市值目前就已经超过18亿美元,每年为其带来的股息收入超过400万美元。

2009年美国证券交易委员会公布的文件曾经披露,截至2009年底,巴菲特个人投资组合中共包括十家公司的股票,它们分别是富国银行、沃尔玛、宝洁、卡夫食品、强生、美国合众银行、英格索兰公司,以及三家伯克希尔未投资的公司——埃克森美孚、通用电气和美国联合包裹运输公司。

该文件还显示,在2009年度巴菲特对其个人投资组合进行了有史以来最大幅度的调整,不仅大幅增持富国银行的股票,还将沃尔玛和埃克森美孚纳入持股名单,同时清空了此前持有的美国联合能源公司的全部股票。自此之后,在巴菲特的个人投资组合中,富国银行已经成为其头号重仓股,所占比例几乎达到1/4。

作为价值投资理论的拥趸,巴菲特的换手率非常低。他看中的公司大多拥有百年以上的历史,其中最"年轻"的企业——全球最大的连锁零售商沃尔玛公司的历史也可以追溯到上个世纪中叶。而在对投资行业分布的控制上,巴菲特则更青睐于那些传统的行业,他个人的投资几乎从未在时尚、电子、计算机、互联网、生命科学等发展迅速的新兴行业中出现过。以至于有的投资人曾经调侃道,巴菲特就像是股市中的一位人类学家——"越古老的事物越能引起他的兴趣"。

巴菲特曾说："如果投资者对投资略知一二并能了解企业的经营状况，那么选5到10家价格合理且具长期竞争优势的公司就足够了。传统意义上的多元化投资对于这样的投资者是不合时宜的。"为什么巴菲特会有这样的结论呢？这要从传统的多元化投资的弊端说起。

多元化投资即分散性投资，就是将资金放在多种投资产品上以平衡收益、降低风险的投资理论。将资金投入到不同的对象上，看起来似乎确实可以降低风险，但多元化投资却也有一个致命的弊端，那就是投资者极有可能买入一些他一无所知的投资产品，因为无论一个人如何博学，也不可能对市场上每个行业、每个公司都做到"略知一二"。因此，盲目地追求多元投资很可能因为被人误导或者自以为是而误入歧途。

对巴菲特的投资理念有着深刻影响的投资大师费雪就曾说过，他宁愿只投资于几家他非常了解的杰出公司，也不愿投资于众多他不了解的公司。费雪是在1929年股市崩溃以后开始他的投资咨询业务的，他一生都清楚地记得，当时一个企业的经济效益对于它的股票而言是多么至关重要。"我知道我对公司越了解，我的收益就越好。"一般情况下，费雪将他的股本限制在10家公司以内，其中有25%的投资集中在三四家公司。

费雪在他1958年出版的《普通股》一书中写道："许多投资者，包括那些为他们提供咨询的人，从未意识到，购买自己不了解的公司的股票可能比你没有充分多元化还要危险得多。"他告诫投资者说，"最优秀的股票是极为难寻的，如果容易，岂不是每个人都能拥有它们了？我知道我想购买最好的股，不然我宁愿不买。"

后来有人总结费雪的投资理论是"基于一个独特却又有远见的思想，即少意味着多"。巴菲特就是抱有"少意味着多"理念的投资者，他认为，由于集中投资的股票数目很少，所以实现盈利的概率就相对很大，但同时，亏损的概率也非常大。因此对于坚持集中投资的投资者而言，最关键的环节就是概率估计，一旦估算错误，很容易造成不可估量的损失。在整个投资生涯中,巴菲特都在努力寻找概率估计的确定性。

巴菲特说:"我把确定性看得非常重要,只要我找到了确定性,那些关于风险因素的所有考虑对我而言就都无关大局了。你之所以会冒重大风险,是因为你没有考虑好确定性。谁都知道以其内在价值的一部分的价格来买入证券并非什么冒风险的事。"

关于集中投资时的概率计算,巴菲特采用的方法是:"用亏损的概率乘以可能亏损的数量,再用盈利概率乘以可能盈利的数量,最后用后者减去前者,这就是我们一直用的方法。这种算法并不完美,但事情就是这么简单。"那么在实践中,巴菲特是怎样做到将亏损的数量降至最低,将盈利的数量升到最高的呢?

首先,把目光投向最杰出的企业。多年来,巴菲特形成了自己的一套选择可投资公司的方法,是基于一个再普通不过的常识:如果一家公司经营有方,管理者效率很高,那么它的内在价值就一定会逐步地通过其股价显示出来。因此巴菲特将自己的大部分精力都用在分析所要投资企业的经济状况和评估它的管理人员的优劣上,而并非整天坐在电脑前看股价。

巴菲特曾这样对自己的合作伙伴说:"我们不仅要以合理的价格买入,而且我们买入的公司的未来业绩还要与我们的预期相符,因为这种目标公司并不能充分保证我们的投资盈利。但是,这种投资方法——挑选杰出的企业——给我们提供了走向真正成功的唯一机会。"巴菲特每次要对一家企业进行投资时,首先都会评估一下这家企业的长期盈利能力;然后,他会研究一下负责企业营运的管理层的能力和水平,因为一个优秀的管理层对公司未来的发展非常重要;最后,他会得出结论,确定这家企业是否值得投资。

其次,要选择自己最熟悉的企业。在巴菲特看来,最熟悉的企业就是那些在投资者自身能力范围之内的企业。他说过:"我们始终坚持投资于我们能够准确了解的企业,因为这些企业的业务简单而且非常稳定。如果企业很复杂而且所处的环境也经常变化，那么，我们就会没有足够的能力去对其未来的发展趋势做出预测。但我们对此并不感到困惑，对于大多数投资者来说，重要的不是他们到底知道什么，而是他们真正明白自己到底不知道什么。只要投资者能够尽量避免出现重大失误，就足以保证盈利了。"

第三，选择风险最小的企业。巴菲特认为，集中投资的前提是对那些杰出企业有深入而且全面的了解，所以如果能够总是将投资放在那些经营风险较小的企业身上的话，投资者整体的投资风险发生的概率也就会相对减小，这样就可以在确保投资安全的基础上，获得相对较大的投资收益。那么何种企业的经营风险较小呢？在巴菲特看来，那种消费型、持久型、有着良好经营历史的企业就归于此类，如巴菲特所投资的美国运通公司、可口可乐公司、吉列公司，等等。

巴菲特认为，分析公司的可投资性虽然是一件颇费周折的事，但结果却可能是长期受益。巴菲特使用的分析"工具"是包括用一整套的投资原理去检验每个投资机会的技术，上面的三个原则就是这个"工具"的一个基本组成部分。俗话说"授人之鱼莫若授之以渔"，投资人与其紧跟巴菲特，选择他所选择的股票，还不如学习巴菲特的投资策略。如果掌握了上述三个原则，起码可以在分辨公司的好坏上做到胸有成竹。

综上所述，我们可以看到，巴菲特式的集中投资并非赌博，而是建立在他对行情走势"了然于胸"的基础之上的。他曾说过："慎重总是有好处的，因为没有谁能一下子就看清楚股市的真正走向。5分钟前还大幅上扬的股票，5分钟后立即狂跌的情况时有发生，你根本无法准确地判断出这个变化的转折点。所以，在进行任何大规模投资之前，必须先试探一下，心里有底后再逐渐加大投资。"

因此，敢下大赌注进行集中投资，并不意味着巴菲特在审慎方面有问题。别忘了，巴菲特可是一位以头脑清醒、理性分析著称的"股神"啊！

第三节

不要试图去分散投资风险

长久以来,投资界就流传着"不要把所有的鸡蛋都放进同一个篮子里"的名言,它的意思就是要投资者尽量分散投资,从而降低因单只股票下跌所带来的风险。具体的理由是:把鸡蛋放进不同的篮子,这样可以规避掉一损俱损的恶果。很多投资者都明白这句话的意思,也都是照着那样去做的,但是,这句名言的教导真的有用吗?

巴菲特对待投资的态度正好与这句话相反,他是十分反感分散投资的。在巴菲特的理念中,投资应该像马克·吐温说的那样:"把所有鸡蛋放在同一个篮子里,然后小心地看好它。"

很多投资者误以为"篮子"越多越能分散风险,但却没有想到,"篮子"越多交易成本和管理成本就越高。须知,集中投资的策略是基于集中调研、集中决策,在时间和资源有限的情况下,决策次数多的成功率自然比投资决策少的要低,就好像独生子女总比多子女家庭里的子女所受到的照顾多一些,长得也壮一些一样。

举一个例子:如果我们有成千上万的投资机会可以选择,而且也确实同时选择了它们当中很多甚至全部的项目,那最终的结果很可能是非常糟糕的。因为我们的资本和精力是有限的,一下子将注意力分散在那么多的对象上,很难保证思考或者决策中不出现纰漏,而且很多股票都是和市场联系紧密的,很可能随着大盘的上涨而上涨,随着大盘的下跌而下跌。在这样的情况下,一味地追求分散投资是很容易出现一损俱损的局面的。

但很多投资者却没有认识到这一点。在上个世纪80年代，一种叫做"投资组合保险"的投资策略为众多的投资者所追捧。这个投资策略就是使投资组合的项目永远在高风险资产和低风险资产之间保持平衡，以确保收益不会低于某一个预定的最低标准。如果投资者所持有的投资组合价值减少，那是因为投资者把资金从高风险的投资对象转移到了低风险的投资对象；相反，若所持有的投资组合价值上涨，则是因为投资者将资金从风险较低的投资对象转移到了风险较高的投资对象上。要在个别有价证券间转移数以百万计的大量资金并不容易，所以投资者转而以股票指数期货作为他们投资有价证券的保障。

对此，巴菲特却明确表达了截然相反的选股态度："我不会同时投资50种或70种企业，那是诺亚方舟式的传统投资法，最后你会像开了一家动物园。我喜欢以适当的资金规模集中投资于少数几家企业。"

为了避免投资者被所谓的"分散投资风险"的谬误误导，巴菲特提醒投资者应该从另一方面去了解问题。他举例说：一个农场主在买进某个农场之后，因为发现农场附近的农田价格下跌，于是也把自己的农场卖掉了，每个人都知道这种行为是愚蠢的。但到了投资市场上，为何人们却争相效仿他呢？这就如同一个投资者仅仅因为最近的一个成交下跌而出售他的股票，或因上一个成交价上扬而买进股票。试想，即使购下股市里的所有股票，也不能逃出"股灾"的冲击，难道买下几百种股票就能做得到吗？

巴菲特对待投资所采取的是集中策略，这种策略来自于现代市场经济学之父凯恩斯的思想。凯恩斯对于投资的看法是集中好过分散，在他看来，无论是对收益而言还是对风险而言，集中的投资选择都是远远优于分散性投资的。以概率学来讲，单一的集中投资可能发生亏损和盈利的概率都是50%；但是如果将投资分散到两个对象上，那么盈利的概率就下降为25%而亏损的概率则上升为75%。因为投资者在投资过程中，要支付高昂的交易费用和时间成本、机会成本，不盈利实际上就等于亏损。那么，刨除盈利的概率，其他情况都为亏损，而亏损的概率也会随着投资对象的增多而逐渐升高。

如果对上面的概率有疑惑，我们再从另一个方面对比一下分散化和集中投资策略的不同：我们假定分散化投资策略中共有100只不同的股票，而集中化投资策略只有5只股票。如果分散化组合中某只股票的价格上涨了一倍，整个组合的价值就只上涨1%；但如果集中化投资组合中的同一只股票上涨了5%，那整个组合为投资者带来的净资产则高达20%。而如果分散投资组合的投资者想要实现同样的目标，他的组合中就必须有20只股票价格翻倍，或者其中的一只上涨2000%。我们可以想一下，找出一只价值可能翻倍的股票和找出20只价格可能翻倍的股票，哪个更容易些？答案不言自明。

巴菲特正是因为看到了这一点，才会选择采取集中的策略进行投资。但巴菲特也并非完全不顾及风险的因素，他在降低投资风险方面的做法就是，在确定投资之前先小心谨慎地对投资对象进行分析。巴菲特说过："如果一个人在一生中，被限定只能做出十种投资决策，那么出错的次数一定比较少，因为此时投资者会更审慎地考虑各项投资。"

美国著名财经杂志《福布斯》的专栏作家马克·赫尔伯特对有关数据整理后进行了一项检验，结果证明了一个事实：如果从巴菲特的所有投资中剔除最好的15项股票投资，其长期表现将流于平庸。也就是说，巴菲特其实只将自己大部分的精力集中在了15只股票上，而其他的股票只不过是他在还有时间、精力的基础上的"消遣"之作。

在我国出版的《完全图解巴菲特投资攻略》一书中，作者也以伯克希尔公司从1988年到1997年10年间的主要股票投资情况为例，得出了这样一个结论：集中投资比分散投资的收益更高。1988年到1997年，伯克希尔公司主要股票投资的平均年收益率为29.4%；但如果巴菲特没有将大部分资金集中在可口可乐等几只股票上，而是将资金平均分配在所持有的每只股票上，那么同等加权平均收益率将为27.0%；而如果巴菲特采用的是更加广泛的分散投资，那么公司的收益率将会更低。由此可见，集中投资策略正是巴菲特在几十年投资生涯中屡战屡胜、持续以很大的优势跑赢大盘的主要原因之一。

投资时，究竟是应把鸡蛋集中放在一个篮子里，还是分散放在多个篮子里？对于这个问题的争论从来就没有停止过，但这不过是两种不同的投资策略。从成本的角度来看，集中看管一个篮子总比同时看管多个篮子更容易、成本更低，问题的关键只在于投资者能否看管住唯一的一个篮子。

对于普通的投资者来说，巴菲特集中投资成功的启迪固然重要，但更重要的是他选择篮子、看住篮子的本事。投资者们需记住一点，分散化投资如果持股过于复杂，失败的可能性将增加。同时也要认识到，为了获取更大的收益而进行集中投资，这样的做法无可厚非，但关键是要有选择篮子的眼光和看好篮子的本领，一旦选择的对象出了错，出现严重的损失也是不可避免的。总而言之一句话：市场有风险，投资需谨慎。

第四节

要赌就赌大的

我们在分析巴菲特的投资案例时发现,虽然他可以称得上是百战百胜,但真正令他积累下今日这样巨额财富的,却只是诸如美国政府雇员保险公司、可口可乐公司等为数不多的十多次投资。对于这种状况,很多人都感到十分不解。

有一次,巴菲特被邀请到一个学校做演讲。在演讲的过程中又被人问起这个问题,他想了想,建议每个同学都拿出一张卡片,说:"我只允许大家在这张纸上打20个小洞,而每次买入一只股票时,就必须打一个洞,打完20个, 就不能再买股,这样你们也许就会发现我购买股票的秘诀了。"其实不用说那些高水平的投资领域的大学生,即使是普通人也明白巴菲特这个建议的用意。假如我们只能在有限的机会上面投入资金,我们自然就会谨慎很多,只挑选那些我们认为最有投资价值的股票出手。

巴菲特曾经把选股比喻成去野外狩猎。每个猎人的第一选择肯定是猎杀豹子、野猪等大型动物,但这些动物却并不是能够经常看到的,因此猎人最好的做法就是备足干粮和弹药,耐心地等在一个地方,等待时机的出现。投资也是如此,我们所要追求的是那种高收益的优绩股,而优绩股不是常能碰到的,所以我们就要和猎人一样等在那里,直到它出现为止。

但遗憾的是,大多数的投资者却并非如此。他们总是喜欢东买西买,这只股票要尝试一下,那只股票也要买入一些,名下股票多得数不胜数,最后连自己都说不清到底持有了多少股票。等到廉价购入最佳股票的机会到来时，却发现手上的资金已经所剩无几了。这类投资者就像一个没有耐性的猎人，在豹子、野猪一直不出现的时候，不肯等在那里，而是东边打打松鼠、西边打打兔子，但等到这些大型动物终于现身的时候，才发现没有弹药了。

真正成熟的投资者会选择性地放弃一些短期的赚钱机会，而在任何时候都做好充分的准备等待大好机会降临。

上个世纪五六十年代，巴菲特曾经作为投资合伙人服务于一家位于他的家乡内布拉斯加州奥马哈市的投资有限公司。这个投资公司规定每个合伙人都有一定的可独立支配的资金限额，因此巴菲特可以在觅得获利机会时，将个人掌握的资金大部分投入进去。1963年，由于提诺·德·安吉列牌色拉油丑闻，当年度的美国运通公司股价从65美元大幅跌落到35美元。屋漏偏逢连夜雨，除了色拉油丑闻，当时的调查机构还怀疑运通公司对上百万伪造仓储发票负有责任。一时间，美国运通公司声名狼藉，股市上也一蹶不振。

但这时的巴菲却认准了运通公司能够东山再起，将个人可控的资金全部投入到了该公司的股票上面。这还不够，他还说服其他同事联合拿出公司净资产的40%共计1300万美元投在了这只优秀股票上，这占了当时运通公司总股份的5%。

当时很多人都认为巴菲特疯了。且不说运通公司能否扭转局势，一下子拿出公司40%的净资产，这在投资行业是从来没有过的大胆举动，一旦出现问题，连回旋的余地都没有，因此他们认为巴菲特如此集中的投资行为无异于是在自杀。但非常年轻的巴菲特绝非等闲之辈，在随后的日子里，运通公司股票的表现让这些所谓的"专家"大跌眼镜，两年翻了三番，巴菲特通过他大胆的集中投资为公司和自己赚了个钵满盆足。

2004年11月，巴菲特的全球代言人罗伯特·迈斯在访问中国时对媒体介绍说,巴菲特持有的股票平均时间是17年,而且投资组合集中度非常高。比如,伯克希尔公司将其30%的投资集中在可口可乐公司,20%在美国运通公司,10%在吉列公司,此外还持有《华盛顿邮报》、富国银行的股票。这样重仓持有的5只股票占了伯克希尔公司75%的投资份额。

正因为巴菲特非常执著于集中投资理论,他才会格外重视投资机会的选择,对于好的机会不能错过,但对于迷惑人的陷阱也不能失误,否则后果不堪设想。因此,在出手之前,巴菲特总要对要投资的公司详细调查一番,如果调查结果满意,他就会下大本钱,要求拥有相当比重的股权。从他重仓持有的股票来看,他投资的股票中要求持股的平均比例竟然高达被收购企业总股本的12%以上。

没机会就不赌,看到机会就大赌一把,这就是巴菲特的投资理念。2008年年初,英国的《金融时报》就曾报道说,在全球经济危机的影响下,在过去几年中,因为上市公司的内在价值被高估以及迫于私人投资者的竞争压力,被迫离开股市采取观望态度的所谓"价值"投资者,现在都已经蓄势待发,准备扑向那些受到金融海啸影响、股价大跌的绩优公司,这其中最著名的就是大家熟悉的"股神"巴菲特。这些投资者的行为可能意味着又一个"秃鹰投资"时代的来临。

显然,像巴菲特这样的价值投资者都把金融海啸的来临看作是低价收购企业的好机会,他们像秃鹰一样,一发现濒死的猎物,就一下子扑上去,放开手脚,大块朵颐。例如和巴菲特齐名的著名投资者威尔伯·罗斯在接受《金融时报》采访时就表示,金融海啸的来临简直是为他们带来了一个天堂。

2010年,在购入大量股票之后,巴菲特坦言:"在过去两年混乱的环境中,我们投入了大量资金开展工作。对于我们而言,那是个再理想不过的时期了,因为市场中充满了恐惧的气氛,而恐惧的氛围正是我们最好的朋友。而那些只在评论人士表现出乐观情绪时才肯投资的人,最终只能以高价买入一份毫无意义的股票。记住,投资所计入的,不只是你为一笔交易投入了什么,比如购买股票,还有这笔交易在未来十年或二十年内能够收获什么。去年我曾告诉过投资者,企业和市政债市场正处于不同寻常的环境当中,这些证券的价格相对于美国国债而言低得可笑。……我们仍支持一些买入此类证券的观点,但要是放在以前,我会买入更多。"

在巴菲特看来,经济低迷中股价的下跌对他来说就是最好的机会,因此才出现了华尔街一片哀号、行市惨淡,而伯克希尔总部却热火朝天的景象。他比喻说:"好机会不常来。天上掉馅饼时,你最好是用水桶去接,而不是拿根针来顶住它。"

巴菲特也是一位乐于接纳知识的人,他笑谈自己集中投资的理念来自于自然物理学。他在总结牛顿运动定律后认为,股票买卖过于频繁会降低收益率,只有长线持股才能获得丰厚回报。为了更好地做到这一点,巴菲特放弃了很多"赚钱的好股票",他的选股标准非常严格,连苹果电脑公司、微软公司这样的绩优股都没能进入他的法眼。他说过,他不买高风险的金融衍生产品的股票,不买看不懂的高科技股,不碰负债率高的传统型股票,不买没有稳定收益的股票,不买受经济景气指数循环影响大的公司……在经过如此挑剔的筛选之后,巴菲特可选择的余地就已经非常小了,不过,这也将风险降到了最低。巴菲特敢于一次性下大注,正是因为有如此谨慎和苛刻的选择态度在后面"撑腰"!

在巴菲特看来,伟大的投资机会不会遍地都是,陷阱倒是到处都有。对于一个成功的投资者而言,他一辈子遇到天上掉下"馅饼"的机会可能只有那么几次,所以每当出现绝佳的投资机会时,一定要好好把握、重仓持有。投资股票种类越多,最终获得的投资报酬率就越接近股市平均回报率,这不是他所追求的,他要做的是一次赚到别人一生都梦想不到的财富,他已经做到了!

第五节

集中才能真正降低投资风险

市场上更多的投资者选择分散投资策略的原因,是他们对于投资风险的恐惧,想要以此来规避风险,最大限度地保证投资的安全。但分散投资并不会降低投资的风险,如果分散的选择不当,反而会增加风险。那么,类似于巴菲特这样的成熟投资者又是怎样规避风险的呢? 1993年的伯克希尔年报中,巴菲特的一段话可能会给我们带来答案。

巴菲特说:"我所采取的战略是防止我们的投资陷入标准的分散投资教条。许多人可能会说,我们采取的这种策略一定比更加流行的组合投资战略的风险大。我不同意这种观点,因为我相信,这种集中投资策略使投资者在买入某个企业的股票前,既要进一步提高考察该企业经营状况时的审慎程度,又要提高对该企业经济特征的满意程度的要求标准。所以,我们采取的这种投资策略才更可能降低投资风险。

"在阐明这种观点时,我引用了字典上的词条将风险定义为'损失或损害的可能性'。但是,那些投资领域中所谓的学究们则更喜欢另行定义投资'风险',他们断言它是股票或股票投资组合的相对波动性,即组合波动性与股票市场中所有股票的整体波动性的比较;然后利用数据库和统计技术,这些学究们精确地计算出了每只股票的β值——该股票市场价格的历史相对波动性;再根据这些虚幻的计算结果建立起晦涩难懂的投资和资本配置理论。但是,当他们渴望用单一的统计来衡量风险时,却忘记了一条基本的原则:模糊的正确永远胜过精确的错误。"

分析上面的话,巴菲特规避风险的策略一目了然,就是利用审慎的态度和集中的投资来降低作出错误决策的可能性，从而将风险在选择股票的时候就最大限度地排除了。"我们的策略是集中投资，当我们只是对企业或者其他股票有兴趣的时候，要尽量避免这种股票买一点、那种股票买一点的做法。当我们确信这家公司的股票具有投资吸引力的时候，我们同时也要相信这只股票值得大规模投资。"巴菲特说。

可以说，在如何规避投资风险和如何认识风险方面，巴菲特和那些所谓的学究们存在着严重的分歧。巴菲特对风险的定义是"价值损失的可能性"，而不是那些研究者所一再强调的"价格的相对波动性"。

巴菲特不停地强调说："我只坚持认为，计算机模型所能预测的准确性也不过是臆断和毫无根据的猜测，因为这些预测都是建立在假定那些模型都是正确而且面面俱到的基础上的。但事实上，很多模型我们是无法判断其对错的，更有甚者可能是一些错误的研究者构建起来的。因此我可以肯定地说，这些研究结果只会诱使决策者作出完全错误的决定。在保险和投资领域，我们不就曾经目睹过很多由类似的原因造成的灾难性结果吗？那些所谓的'组合保险'在1987年市场崩溃期间带来的毁灭性的后果，让那些笃信计算机预测的人们大跌眼镜。因此，一个真正理智的投资者，在面对所谓的预测时所要做的，就是关掉电脑，上床睡觉！"

由此可以看出，在巴菲特的理论里，投资风险的确定所依据的不是股票价格的波动，而是股票背后的公司内在价值的变动。在对投资风险进行评估的时候，单纯的β值支持者们根本不屑于考虑所要投资的公司是做什么的、经营业绩如何、有什么主打产品、公司的高层管理者都是谁、公司的主要竞争对手最近有什么举动、公司的资本来源中多少是借贷多少是留存收益，更有甚者连公司的名字都不想知道。他们唯一重视的就只有公司股票价格的历史走势。

相反，巴菲特根本不想知道他投资的股票价格的历史走势如何，只是尽心去寻找那些可以使他进一步了解有关于该公司一切信息的资料。

因此,在巴菲特买入股票之后,即使股市停盘两三年,他也不会因此而有一点点烦恼,因为这两三年内他可能一眼都没看过股市,整天忙着旅游、搞慈善、打高尔夫球呢!

巴菲特认为,不同公司之间投资风险的差异,是由它们持续竞争优势的不同决定的。"即使对于一个刚进入市场最为肤浅的投资者来说,可口可乐和吉列公司所拥有的强大竞争力也是显而易见的。然而,经过电脑的一番分析,我们却发现,这两个公司股票的β值与其他普通公司非常接近,甚至有时还会和那些根本没有任何竞争优势的垃圾公司基本相同。那么我们就可以从这种倒霉的β值的相似之处得出以下的结论吗?可口可乐和吉列公司的竞争力在衡量公司风险中毫无用途!或者,我们可以说,拥有公司的一部分权益——它的部分股票的风险从某种意义上与该公司经营中内在的长期风险毫无关系!我们相信这两种结论都是废话,那么我们就可以认为,将β值与投资风险等同起来也是一种狂妄的自以为是的谬论。"

巴菲特曾经调侃道:"对于我们全资持股的喜诗糖果公司和布朗公司,我们都不需要用每天的股票价格来证实我们企业的良好经营状况。那么,为什么我们就非得时刻掌握我们持有7%股份的可口可乐公司的股票行情呢?"

巴菲特认为,衡量公司股票投资风险"用工程般的精确性难以计算"这种观点,并非是在否定在投资市场上要具有客观、审慎和精益求精的态度,而是要将这样良好的态度用到正确的地方上去。在某些情况下,股市的风险还是可以通过一定程度的有效精确性来判断的。"根据我们的看法,投资必须确定的真正风险是他从投资(包括他的出售所得)中得到的总的税后收入,在整个预计的持有期内,是否可以至少给他带来与原来相当的购买力,加上原始投资的适当利息。"

因此,我们可以得出结论,与估算投资风险真正有关联的主要因素是:首先,对于企业长期经济特性确定性的评估;其次,对于企业管理确定性的评估,这其中包括该企业实现自身所有潜能的能力以及有效地管理现金流量的能力；第三，对于该企业的管理人员是否值得依赖的评估，以及管理人员能够将回报从企业导向股东，而不是管理层的确定性评估；第四，仔细分析该公司合理的收购价格；最后，对未来大环境的评估，主要包括税率和通货膨胀率，因为二者将决定投资者取得的总体投资回报的真实购买力水平。

虽然不是量化的因素，但分析这几条的困难程度却远比建立一个所谓的计算机模型困难。巴菲特曾说过："这些因素很可能会把许多自视甚高的分析师都搞得晕头转向，因为他们根本不可能从任何一种数据库中得到对以上风险因素的评估。但是，不能够精确量化这些因素也正说明了它们的重要性。因此，想要获得投资的胜利，投资者就必须克服其中的困难，而且这些困难也并非是不能克服的，正如大法官斯蒂沃德虽然发现根本不可能使淫秽文字的检验标准化，但他仍然断言'我一看便知'。反复演练过对上述因素分析的投资者同样能够做到这一点，通过一种不精确但行之有效的方法，也一样能够确定某个投资中的内在风险，而不必参考那些复杂的、无用的、故弄玄虚、妄自尊大的数学公式或者股票价格的历史走势。"

在投资过程中，投资者最期望得到的结果是每笔投资都有丰厚的回报，但股市毕竟是一个多元的零和博弈，不可能每个人都买很多股票，每只股票都赚到钱。钱永远是落入少数人的口袋，这是股市不变的真理。那么怎样成为那些少数人呢？这就需要一些不同于他人的独到眼光和特殊做法了。将资金集中投资在少数几家财务稳健、具有强大竞争优势，并由能力非凡、诚实可信的经理人所管理的公司股票上，就是成为那些少数人的不二法门。

巴菲特说过："如果我们以合理的价格买入这类公司的股票，投资损失发生的概率通常非常小。在我们管理伯克希尔公司股票投资的38年间，股票投资获利与投资亏损的比例大约为100:1。"因此，我们必须承认，集中投资于被市场低估的优秀公司要远比将投资分散于很多一般的公司更能够降低投资的风险。

第六节

集中投资需要卓绝的耐心

熟悉巴菲特的人都知道,他是一个狂热的棒球迷,他非常喜欢美国著名棒球运动员、世界上最伟大的击球手和外场手之一西奥多·塞缪尔·威廉姆斯。巴菲特对这位参加过二战和朝鲜战争的波士顿红袜队最伟大的球星非常推崇,因为他发现威廉姆斯的击球原则竟然和自己的投资原则有着异曲同工之处。

巴菲特说:"我们今后仍然会坚持运用使我们发展到如今庞大规模的成功策略,并且毫不放松我们的投资选择标准。威廉姆斯在他的传记《我的生活故事》中解释了原因:'我的观点是,要成为一名优秀的击球手,你必须等到一个好球才去击打。'这是本书中的第一原则……查理和我赞同这种观点,而且将尽量等待那些正好落入我们的'幸运区'的投资机会。"

由上面巴菲特的自述,或许可以将他归为一个机会主义者,但是,他却不是那种想方设法取巧的投机者,他要寻找的是那种有十足把握的投资机会,而不是那种充满着未知的风险,只能冒险赌一把的赌局。他这种机会主义者是在有机会时该出手时就出手,而且敢出重手、下狠手,大赌一把。但同样,巴菲特这个机会主义者也有谨慎的一面,这就是在没有机会的时候,不该出手决不出手,再小的赌注也不赌。巴菲特说:"在发现我们喜欢的股票之前,我们会一直等待。我们只会在有十足把握的情况下行动,这就是我们的投资风格。"

自1956年巴菲特进入第一家投资公司做合伙人以来,美国的股市从整体来看，就是一个上下波动总体上升的牛市。照常理说，如果市场上的每个人都足够耐心，那么都是可以在美国经济不断发展的大锅里分得一杯羹。但是真实的情况是，只有一个巴菲特，那么那些和他一同进入股市的人都到哪里去了呢？原来这些人都没有巴菲特那么好的耐心，总是控制不了自己的脚步，不断地跑进跑出，看到行情跌下去了，就慌忙把股票抛出；看到行情上涨了，就赶忙抢购。在买进卖出之间，被大盘带乱了步伐，最终一败涂地。

反观巴菲特，他经常是一路走到底，对许多股票都是一入手就不动，不持有十几年以上根本不会考虑抛出。巴菲特的秘书就曾经总结，在他的投资生涯中，对单只股票持有的平均年限竟然长达17年之久。因此可以看出，巴菲特的投资方法其实简单至极，就是在价格合适的时候买入自己看中的股票，然后一路持有，分享其成长过程中的果实，或者坚持到它的价值被市场发现后再卖出。但就是这么一个简单的方式，却没有多少人能做到。

有很多投资者都曾经信誓旦旦地说要向巴菲特学习，但他们想像巴菲特那样在股票投资上获得巨大收益是真，学习巴菲特的投资之道却是假。他们以耐心之名买入股票，但一个涨停板便坐不住了，匆忙将它卖出去；或者运气不好，刚一入手就持续下跌，这时他们又控制不住自己，纷纷埋怨巴菲特的经验不灵，割肉解套。这样的所谓耐心者，无非是叶公好龙罢了。

因此对于一个成功的投资者来说，能做到耐心是件很不容易的事，但也正因为不容易它才成为投资领域最为重要的素质之一。传统的投资策略讲究分散化与高周转率，就是将投资分散在多只股票上面，组成一个投资组合，由于每只股票每天都会发生不同的变化，投资者就通过频繁买进卖出以炒短线的方式赚取差价。但这种方法一开始就是无知的贪婪者选择的道路，如果我们真的想向巴菲特学习，对于这样的方法就应该坚决摒弃。

巴菲特是非常鄙视这种频繁变换投资对象的组合投资方式的。在他看来，投资者只有耐心将股票拿在手上，才有机会在未来的某个时间里获得超出一般指数的成绩。一般说来,短期股价的波动可能会受到诸如利率变化、通货膨胀等外界因素的影响,但如果给股票足够长的时间跨度,让这些外界因素的影响慢慢地稳定下来,股价是能够客观地反映出它背后企业的真实实力的。巴菲特曾说过一句名言:"一只你不想拥有一辈子的股票,你就不要试图去拥有它一分钟。"

要知道,价格波动是投资市场的必然产物,只要有供求变化就必然产生价格波动。不管是从学术研究上还是对于实际案例的分析上,大量证据都表明,价格曲线是根据价值上下波动的。很多时候我们也许不能准确预测一只股票的真正价值,不过一旦我们发现了自己认为值得购买的股票,就要果断地买下来。这时我们就无需每天都盯着计算机屏幕猜测股价的下一步变动方向了,我们只需要相信,如果我们对某个公司的看法是正确的,而且正好在一个合适的价位买下了它的股票,接下来所需要的就只是时间。现实也证明了,长久的集中投资远比短暂的分散投资成功。"从长期的角度看,所持公司的经济效益一定会补偿任何短期的价格波动。"巴菲特看到了这一点,因此他是一个不折不扣的忽略波动的投资者。

但我们也会发现这种状况,有的投资者经过精挑细选买到了一只股票,但一拿到手中却发现它老是不动。一开始还有些耐心,心想下次也许就轮到它涨了。可是一等再等,它就是趴在那里不动,甚至有时还挑衅性地跌两下。这时也许他们的耐心就被慢慢磨没了,一气之下将它抛掉;可刚一抛出,它却又开始使劲往上涨,就像是安排好的一样,让人恨得牙根痒痒。

其实这也是耐心不够的问题,试想,在市场上有几千只股票,总不可能大家要涨一齐涨吧,总会有个先后。而且,一只股票上涨,也总有个能量积蓄的过程。所以,当牛市来了,只要所选的股票质地好、价位低,公司基本没有发生问题,别的股票都涨了,它就不可能永远不涨。这时只需要有耐心,考量自己当初选它买它的理由是否发生了质的变化。相反,在等待中,别的股都涨上去了,再将便宜筹码拱手让人而去追高,到头来往往是得不偿失。

因此对于集中投资者来说，耐心是一等一的重要素质，要想获得他人无法获得的回报，就必须拥有别人无法企及的耐心。只要相信自己的选择是对的，就一定要坚持。身处市场之中，面临的考验更多的是耐心等待最佳入市时机的煎熬，等待的过程虽然痛苦，但是必需的。必须克服那种企望买到最低价的心理，因为最低价是可遇而不可求的。当股价稳定后再买入，才是风险与收益的最佳平衡点。

一只正不断下跌的股票，可能正处在风险释放的过程中，这时我们若贸然进入，往往会让自己立即品尝到后悔的滋味，除非我们能够非常肯定地确认它跌势已尽。

因此当股价正处于一段中期跌势时，我们一定要让它跌到底，出现明显的稳定迹象后再买入，这就是耐心。所谓的买跌，指的就是买入跌后的股票，而不是正在下跌的股票。一般说来，处于跌势中的股票不会出现买盘过多的情况，因而无需担心买不到股票或者高买，市场会给出充分的时间让我们能够从容地确定和买入自己选择的股票，因此耐心地等待底部的出现是我们唯一需要做的事情。要知道，在投资市场上，资金就是我们手中唯一的武器，不合时机地挥动手中的武器，只会使之钝化，只有耐心等待一剑封喉，才能称得上是一个真正的高手。

最后再举一个大家都知道的例子。当年美国人进入今天的纽约地区之后，用枪支、毛毯和钱向印第安人换土地，今天的金融中心曼哈顿岛在当时用了多少钱呢？只用了25美元。看起来很便宜，但如果当初这25美金让印第安人拿去投资到利润率在6%到7%的市场上面，那么根据复利限制系数计算，这487年来他们能够获得的利润，足以让他们把曼哈顿重新买回来了。

优秀公司的股票也是如此，它可能不是暴涨，而是一年一年地涨，一年涨一点，看似不多，但水滴石穿、集腋成裘，五年十年的结果累积下来，就非常了不得了。看看巴菲特的成绩，四十年前你交给他十万块，今天他能还你一个亿，但这一个亿可不是一天挣来的啊！

第七节

集中投资的优势

投资的正确道路应该是谨慎分析、全面求证、果断出手、集中投资、长期持有，那么这样的一套集中投资的体系到底有什么样的优势呢？

首先，我们可以通过集中投资来降低资金的周转率。集中投资的策略是与分散化投资相对立的，分散化投资的一个显著的缺点就是资金周转率高。在投资市场尤其是股市中，资金的周转、投资物的变动是要缴纳一定数量的费用的，在分散投资炒短线的投资方式里，周转率越高就意味着所需要缴纳的费用越高。如果能够合理分散风险，掌握好个股的利润还可以；但如果这一切掌握不好，那么不用股价下跌，来回换手所带来的高昂的交易费用，恐怕就会让投资者的资本大幅缩水。

因此可以说，在所有活跃的炒股战略中，只有集中投资最有机会在长时间里获得超出一般指数的业绩。但它需要投资者具有相当的持股耐心，哪怕市场发生再大的变动，只要个股按照既定的方向发展，投资者就不能出手。因为从短期角度来看，利率的变化、通货膨胀、对公司收益的预期都会影响股价；但随着时间跨度的加长，企业的经济效益趋势才是最终控制股价的因素。

那么理想的持股时间是多久呢？并无一定的规律。投资人的目标并不是零周转率，当个股达到自己的预期之后，该卖出就得卖，从一个极端走向另一个极端也是非常愚蠢的。我们投资的目的是赚钱，既然目的能够达到，那也就没必要太执著，以免丧失充分赚取差价的时机。

其次，集中投资可以抗拒价格波动的压力。在传统的投资市场中，采取分散化组合投资策略可以使投资者因个股价格波动产生的影响趋于平均化，从而达到分散风险的目的。那些在市场上的投资经理人心里都非常清楚，当投资者每月查看财务报表，看到白纸黑字清清楚楚地写着他们所持的股跌了多少时，意味着什么；甚至连那些懂行的人，明知股票的下跌是正常交易的一部分，等遇到股价大幅下跌时，也不免对此产生强烈的反应，甚至惊慌失措，以至于做出鲁莽的决策。

但是，如果投资者持股越多越杂，单股波动就越难在一定时期的财务报表中显示出来，因为单股的波动被整体分散了。但是，成熟的投资者都知道，所谓的分散波动只是一针治标不治本的镇定剂而已，它所能起到的作用仅仅是稳定由个股波动产生的情绪波动。但平缓的旅程也是平淡的旅程，当以躲避不愉快为由，将股票的升跌趋于平均的时候，投资者所获得的也只能是平均回报。而且普通股票的涨跌都是和大盘有着一定契合的，一味地为了分散投资而不经分析就买入很多普通股，那么当大盘出现波动的时候，就很可能出现很多股票一起下跌的局面，从而产生更剧烈的共振。因此，精心选择几只熟悉且优质的股票，才是抵抗股价波动的最好方法。

最重要的一点，集中投资能够创造高于分散投资的回报。在西方的很多投资机构和学术机构对有关于集中投资资料的搜集中，大量的证据都指出，集中投资的做法要比分散投资成功。美国的莱格·梅森集中资产公司副总裁兼总经理罗伯特·哈格斯特朗曾经做过一项统计研究，他将1200家美国上市公司进行随机组合，时间设置为10年。统计显示：在3000种15只股票的组合中，有808种组合击败市场；在3000种250只股票的组合中，有63种组合击败市场。也就是说，拥有15只股票，击败市场的几率是25%；拥有250只股票，击败市场的几率是2%。

由此可见，就单个集中投资组合而言，集中投资有更大的机会获得高于市场的收益,持有股票的数量越少,击败市场的可能性就越大。

每个熟悉巴菲特的人都知道,他有一个非常要好的朋友和合伙人查理·芒格。查理·芒格作为伯克希尔公司的副总裁,是巴菲特投资生涯中重要的伙伴,他们两个人相辅相成、互为补充,可以说,巴菲特能够取得今天的成就,芒格功不可没。

在上个世纪六七十年代,芒格与巴菲特的情况相似,也在一家证券投资公司当合伙人。他在那时就已经意识到了要坚持采取集中投资的原则选择股票。芒格指出:"早在60年代,我就参照复利表,针对普通股的表现进行了各种各样的分析,以找出我能拥有的优势。"查理·芒格管理其合伙公司时,将投资仅集中于少数几只证券上,其投资波动率非常大,在1962年至1975年的14年间,年平均投资回报率以标准差计算的波动率为33%,接近于同期道·琼斯工业平均指数波动率18.5%的2倍;但其14年中年平均回报率为24.3%,相当于道·琼斯工业平均指数年平均回报率6.4%的4倍。

通过对14年投资经验的总结,芒格最后得出的结论是:只要你能够顶得住股价的波动,一直持有它,那么拥有3只股票就足够了。可以说,正是他的这一思想打动了巴菲特,两个投资人才得以走到一起。

我们看到,在巴菲特和芒格并未走到一起之前,两个人就有一个共同的优点:非常善于选择股票、集中投资。其实对股票投资就应该像照顾自己的孩子一样精心,试想如果你一下子生了十几甚至几十个孩子,那就像让你一个人管理一个幼儿园一样,虽然小朋友们的性格五花八门能给你带来无穷的乐趣,但他们层出不穷的问题也同样会让你感到分身乏术,以至于无暇悉心照顾他们其中的任何一个。

很少有人能够通过分散投资获得辉煌的收益,这一事实对于中小投资者来说不但残酷,而且尤为重要。采用集中投资方式确实会不时地在某些年度遭受重大的损失,但尽管年度投资回报率波动性大,但在长期内的总投资回报率却远远超过市场平均水平；而分散投资策略则是不可能取得这么好的总收益的，它们带来的效果经常是升则升不过市场、跌则比市场跌得厉害。因此最有把握的分散投资者，取得的业绩也最多是相当于市场平均水平的投资回报。而且市场上大多数投资者是根据现代投资组合理论选择分散投资策略的，那么采用集中的持续竞争优势价值策略就具有更加明显的优势了。而事实上，市场中也确实是很少的一部分人赚到了很多人赔掉的钱。

巴菲特曾说："我们宁愿要波浪起伏的15%的回报率，也不要四平八稳的12%的回报率。"既然集中投资既能降低风险又能提高回报，那么短期的业绩波动大些又何妨呢？许多价值投资领域的大师都是通过集中投资于持续可跑赢大盘的股票，创造出出众的投资业绩的。

现代经济学之父凯恩斯就是一位集中投资的坚定信徒。集中的投资策略使他管理的切斯特基金在1928年至1945年的18年间，年平均投资回报率以标准差计算的波动率为29.2%，相当于英国股市波动率12.4%的2.8倍；而计算其18年的年平均回报率则高达13.2%，超过英国股市年平均回报率0.5%的26.4倍。

巴菲特将集中投资的精髓简要地概括为："选择少数几种可以在长期拉锯战中产生高于平均收益的股票，将你的大部分资本集中在这些股票上，不管股市短期跌升，坚持持股，稳中取胜。"他管理的伯克希尔公司在过去的46年以来每股净值由当初的19美元增长到现在的50498美元。二战后，美国主要股票的年均收益率在10%左右，而巴菲特的收益率却达到了22.2%。而且由于伯克希尔公司以上收益中同时包括了股票投资、债券投资和企业并购等，因此这22.2%还不能全面反映出巴菲特股票投资的真实收益水平。

据统计，从1987年到1996年，巴菲特管理的伯克希尔公司主要股票投资平均年收益率为29.4%，比同期标准普尔500指数的平均年收益率

18.9%高出5.5%。试问如果巴菲特没有将大部分资金集中在可口可乐等几只股票上,而是将资金平均分配在每只股票上,那么同等加权平均收益率将为27%,比集中投资29.4%的收益率要低2.4%,使其相对于标准普尔500指数的优势减少了近44%;而如果巴菲特不进行集中投资,采用流行的分散投资策略,持有包括50种股票在内的多元化股票组合,假设伯克希尔公司持有的每种股票均占2%权重,那么,分散投资的加权收益率仅有20.1%,略微超过标准普尔500指数1.2%,这和其他人比起来基本上也就没有什么优势了。

因此,我们可以得到一个结论,正是集中投资的策略发挥了资金的优势,才给"股神"带来了如此大的收益。股市即战场,在这个战场上资金就是我们的利器,只有将其集中起来发挥作用,才有可能毕其功于一役。

第六课

平常心

——恐惧和贪婪是投资界最大的两种灾难

第一节

价格越高越要加倍小心

在投资市场尤其是股票市场里有句术语叫"买涨不买跌"，这句话的意思是指投资者应该选择当前市场的热点股、龙头股来进行操作。因为这种观点认为股票的价格是有迹可循的，拥有强大增长趋势的股票，其人气和活跃度也都会非常高，因此追求这样的股票可以帮助投资者在短期内获取高额利润，也可以让他们避免因为买到冷门股票而造成资金的大量闲置，或者丧失获得巨大利润的机会。

我们不能说上述的做法全无道理，因为长期以来，在投资行业最发达的美国，"买涨不买跌"就非常流行。这种行为是基于一种名为"有效市场理论"的金融研究，这种理论被美国华尔街上的那些投资机构和中小投资者奉为经典教科书，可以说是他们的行动指南。

有效市场理论的基本内容是：在投资市场上，股票价格将来的走向"总是有影子的"，这些"影子"总能够"诚实"地反映出股票价格的具体走向。有效市场理论认为，无论在什么时候，股票市场的运行都是"有效"的，这也就代表着，当某一个公司的信息被披露得越来越充分时，它的股票价格的涨跌幅度就会趋于股指平均数。也就是说，对于一只信息完全披露的股票，其价格走向完全是可以预测的。这个理论的代表人物是美国麻省理工学院的教授保罗·萨缪尔森。在1965年，萨缪尔森通过其著作《论准确预测价格的随机性》，向人们解释了这一观点，并因此在1970年成为了美国第一个获得诺贝尔经济学奖的人。

　　可以想见,这个理论的提出对于投资者的诱惑力。基于这种理论,如果能够了解某一个要投资的公司的所有信息,投资者就可以精准预测出这家公司股票的走向,从而实现在投资上的无往不利。但这种理论真的切实可行吗?我们换一个角度思考,如果这个理论是正确的,岂不就像是每一个买彩票的人都知道开奖号码,然后拼命下大注,最后都赚个钵满盆足,这是不可能的。

　　巴菲特早就看出了这一点,他认为,对于投资还要从另外一个角度去看,那就是投资市场的参与者并非只有企业,还有无数的投资者。这些投资者并非都是理性的,而投资人的不理性在某些情况下是可以抵消掉市场的有效性的。

　　也就是说,每只股票价格的涨跌不是完全可以预测的,在它背后隐藏着某种未知的信息——当股票价格发生波动时,投资者会条件反射似地行动起来,或买入,或卖出,从而让股票价格呈现出不规则的波动。而投资者大多都是贪婪和盲目的,因此也就造成了群买群卖的状况频繁出现,从而导致看涨或者看跌的行为都归于失败。

　　但是,毕竟不是每一个股民都像巴菲特一样睿智,大部分人还是将这种理念与实际操作策略结合起来,于是也就出现了"买涨不买跌"的现象。他们见到股价盘中大幅拉升就盲目杀入,结果屡买屡套,最后赔得血本无归!

　　因此我们必须要提醒各位投资者:当某只股票的价格上涨过快时,不要高兴得太早,将来它的价格上涨速度一定会减缓,甚至掉头向下,以配合股市大盘涨跌幅度,这时候大家的操作策略应该放在考虑逢高减磅上;相反,当某只股票价格下跌速度过快时,也不要过于灰心,因为将来它的价格下跌速度一定会减缓甚至止跌回升,它同样需要保持与股市大盘同样的涨跌幅度,这时候大家的操作策略应该放在考虑逢低建仓上。

　　在一次对伯克希尔当前股价看法的提问时,巴菲特回答说:曾有一到两次,他也认为伯克希尔的股价低于其内在价值,想要进行回购,但在执行回购之前股价又回升了。同样,我们不认为现在伯克希尔的股价太高。他还称,有意收购一家非常庞大的跨国公司,但因为对方规模过大,只有动用部分伯克希尔股票作价才能进行收购,但只有伯克希尔的股价涨到完全体现其价值时,他才会如此操作。

这段话充分体现了巴菲特对于所谓的个股形势的忽略,巴菲特从不盲目追求高价格的股票,他只会先认定企业,然后再以合理的价格购入,从不考虑什么增长趋势和市场有效性。

巴菲特说过:"有效市场理论的倡导者们,似乎从未对与他们的理论不和谐的证据产生过兴趣。显然,不愿宣布放弃自己的信仰并揭开神职神秘面纱的人,不仅仅存在于神学家中。"他认为,股市下跌时更要关心股票内在价值的高低,千万不要只看到股价涨涨跌跌就盲目地追。见涨就追的做法在下跌通道中很危险,也毫无道理,很容易造成投资损失。

为什么这样说呢?因为巴菲特十分明白,买涨不买跌的理论依据——市场有效理论,在根本上就是错误的。对此巴菲特举了一个形象的例子:假如有一个人,他原本穿着一双41号的鞋子,但感觉这双41号的鞋太大了,于是准备去商店买一双新鞋。他来到商店后,直截了当地选择了一双40号的鞋子。他的想法是,既然原来那双鞋太大了,那么现在买一双尺寸较小的就一定是合适的。

我们自己在面对这种情况的时候是否会这样做呢?或者看到这样的人是否会发笑呢?一方面,即使原来41号的鞋子太大了,但这并不代表40号的鞋子就是最合适的,或许有可能是39号、38号呢?另一方面,既然脚长在自己的腿上,那为什么不自己亲自试一试呢,不是一下子就能弄清楚了吗?而且,即使是同样尺码的鞋,也可能有大有小。对于这个道理,我们大家都明白,但是为什么一到了和它类似的投资领域,就变得迷惑了呢?虽然从表面上看这二者并不完全一样,但实际上这种情况很常见,有生活经验的人对此都有体会。

巴菲特认为投资者正确的看法应该是：股价涨跌的方向不是向股指平均数回归，而是向其公司的内在价值进行回归波动。事实上，巴菲特的亲身经历和骄人的业绩回报也完全否定了有效市场理论。因为他从来没有像普通投资者那样买涨不买跌，我们看到更多的是在股市一片大好、个股集体上扬的时候，他选择清仓撤市、冷眼观望；当股市一片低迷、个股纷纷跳水的时候，他则选择重仓进入。这种行为不得不说是巴菲特取胜的关键所在啊！

客观地讲，这种买涨不买跌的短线投机真的不适合普通投资者，因为依靠投机赚到钱的概率是很低的，而且这种追高的方式对人的心理素质要求也非常的高，很少有人能够承受得住被一套几年的压力，到了不得不选择割肉解套的时候，那可就"谁疼谁知道了！"

因此我们还得要在分析企业的内在价值上面下功夫，不要让贪婪蒙蔽了眼睛。要知道，在贪婪的投资者眼中，股票本身是没有任何好坏之分的，他们看中的只有买卖点。他们无视股票背后企业的真正价值，最终就会被市场所抛弃。

如果我们看好的股票没有低价买入的机会，那么宁可错过，也不可盲目地追求高价；而对于我们本不看好的股票，无论它的增长形势有多么好，也不可贪婪，要知道贪婪的背后就是陷阱。这一点说起来简单，但做起来确实非常难。因为人都有贪婪的一面，很多人都会在"伪机会"面前放松警惕，最终走上失败的道路。在这方面，我们真应该向股神好好学习，学学他如何用平常心去面对暴涨的陷阱，看透利益背后的威胁。

买涨不买跌是一些投资者屡战屡亏的重要原因，从不盲目追涨则是巴菲特持续盈利的一大制胜法宝。普通投资者如果也能像巴菲特那样，做到"大家贪婪时我恐惧，大家恐惧时我贪婪"，那就离成功不远了。

第二节

过高的复利增长只会害了自己

西方曾经有一位生物学家做过这样的研究,海洋中有一种非常小但繁殖非常迅速的藻类,每15分钟就会分裂繁殖一次。这也就是说,这种藻类每小时会繁殖出自身的4倍,每天会繁殖出自身的96倍。那么,即使这种藻类在一开始的时候体重仅有1克,经过一天疯狂的繁殖后,它和它的后裔们也会堆积得像一座大山那样重、那样大;而一周之后,它们就将长满整个地球表面,并且产生出比太阳还要重的质量。不过还好,自然界有抑制它生长的天敌——海洋动物。但是,通过上面的研究,我们还是能够见识到复利的伟大。

复利被爱因斯坦称为世界第八大奇迹。从数学上讲,复利是一个原始数值通过时间进行累计,最后达到一个远远大于它本身的过程。复利的伟大之处就在于,通过时间,它能够将很少的数字累计出一个令人震惊的结果。因此在投资领域,高额的复利也就成了让人们趋之若鹜的东西。

2007年,有人对巴菲特的资产进行过一次详细的统计,在结合了他私人财产、持有股票等多种资产类型之后,得出的数据是巴菲特拥有超过620亿美元的财富。这是一个令人咋舌的数字,但如果我们知道巴菲特在进入投资领域的时候手里只有几十万美元的话,那么我们恐怕就更感到不可思议了。这就是复利的作用!

巴菲特这50多年不间断地投资,从美国经济的发展中赚取利润,然后再把赚到的钱重新投入到市场上去,这样雪球越滚越大,几十万经过几十年就变成了几百亿。

通过巴菲特的成功,很多投资者意识到,投资市场上真正可爱的、有诱惑力的正是复利。但他们在明白了复利作用的伟大之后,所选择的道路却不是用时间来累积,反而妄图通过增加复利指数来满足自己的贪欲,这样只会害了自己。

我们知道,高额的复利系数背后一定是同样高的风险系数,如果要谋求一个50%的回报,那么也必定要承担亏本率为50%的风险,这样的情况还值不值得投资就已经需要好好考虑一下了。更可笑的是,有人居然还把目标定到200%、300%的回报率,这无异于与虎谋皮,最终很可能被"老虎"反咬一口。

复利计算的精华在于时间的累积。就拿10%的复利系数来举例,将本金以10%的速度进行逐年增加,10年后复利的终值只有本金的2.6倍,15年之后,终值也只有本金的4.2倍,但这一数值到了20年之后就将会增加到6.8倍,30年后终值将达到17.5倍,而到了50年之后,原来的本金就会变成惊人的117倍。由此看出,我们真正应该做的是摒弃急功近利的贪念,尽量用平和的心态去做持久的投资,用时间来创造效益,这样才可能取得令人瞩目、令自己满意的成绩。

其实对于复利的追求,也是必须坚持一定的原则的。要想正确地理解和运用复利,就必须从复利的三个基本问题开始。一直以来,能够决定投资成功的这三个基本问题始终如一,它们是:投入本金的数额、实现的收益率情况、投资时间的长短。

首先,投入本金的数额:每一个成熟的投资者都应该明白这样一个事实,若干年后的一百万是由今天投入的一万元变成的,所以勤俭节约、善于积累是取得高额收益的一个最基本的条件。本金的积累本身就带有抑欲的特征,因为这一万块的本金放在市场上几十年不动它,总会让人感觉和扔了一样，这时就需要投资者能够控制自己花钱和再投资的冲动，尽量克服心理障碍，并且尽量勤俭一点，将更多金钱用到投资上面。几百年前资本家的理财方式就是从节俭开始的，这种方法在今天仍然有效。复利的基本要求之一就是把每一分赢利都转换为投资本金而不是用于消费，否则复利的作用就会大打折扣。很多人在赢利的时候轻易地把赢利部分消费掉，而在亏损的时候却不得不缩水本金，这样的做法就像是左手进右手出，永远也无法积累财富。

其次，投资的收益率情况：暴利并不是实现富裕的必要条件，财富的积累也对收益率没有苛刻的要求。但是在很多投资者眼里，对暴利的渴望与贪婪几乎是他们参与投资的唯一目标，但他们最终得到的往往不是暴利，而是令他们后悔不迭的损失。一切超凡的报酬率都不可能持续，这是经济规律，因此稳重、保守、持续、适当的长年回报率才是真正的成功之道。在市场上10%的回报率还是比较容易找到的，因此我们就不要纳楼弃珠了，将一点钱放在这些回报稳定、风险小的投资产品上面，轻轻松松地看着它一天天变成天文数字，这也是一个很享受的过程。

最后，投资时间的长短：急功近利是投资领域的禁忌，巴菲特在进入投资领域之前有过将近十年的知识积累过程，就算是进入投资领域之后，在最开始的阶段他也是从一个分析员做起的。因此无论做什么都需要一个缓慢积累的过程。成熟投资者的投资策略一定要是一个长期的投资策略，即使是短期的变动出现的可能性也必须置于这个长期策略的框架内。从上面那个10%的复利终值可以看出，10年的终值与50年的终值差距是多么显著。因此，投资者千万要有耐性，不能让急功近利的情绪害了自己。

高增长率最终的结果是压扁它自己的支撑点。在投资这个有限的市场里，高复利系数最终导致的是自我毁灭。如果增长的基数小，那么在一段时间内这条定律不一定奏效；但如果基数很大，那投资崩溃就是肯定的事情了。

　　因此，投资者千万不要做通过短期暴利来加速复利增长的美梦，没有人能够逆经济规律而动，任何人都不可能通过一两次侥幸创造一个飞速增长的神话。短视和远见的不同轨迹，只有通过时间才能够检验出来。通向投资理财天堂的门总是关着的，有人把守，只有耐心的人才能够等到它开门的那一天；通向投资地狱的门则不然，它总是敞开着，随你进去，但一进就再也出不来了。

第三节

学会止盈和止损

巴菲特曾经说过：在投资领域第一位的是保证资金安全，第二位是保证资金安全，最后一位还是保证资金安全。因为资金安全是投资之本，只有在保证资金安全的前提下，投资才有成功的可能性。那么我们又该如何保证资金安全呢？一句话，尽量减小风险和稳固收益！

减小风险就是要将赔钱的几率降至最低，一不小心真的赔了钱，也要尽量将赔钱的额度降至最低；而稳固收益，就是要在赚钱的时候，及时将股票抛出，见好就收。这两者在投资市场上有一对形象的名词来解释：止损和止盈。

我们先讲止损。关于止损，巴菲特曾经有过这样一个比喻："如果你投资1美元，赔了50美分，那么你手上就只剩下一半的本金，在这种情况下，除非有百分之百的收益，你才能回到起点。"

普通投资者在被某只股票套住后，都会不自觉地采用捂住不放的原始操作方法坚持持股。这在以前美其名曰"长线持股，投资为主"，但结果却往往是小亏变成大亏，最后实在忍无可忍，只好低位割肉解套。这时我们就看到止损观念的重要性了。

关于止损的重要性，巴菲特曾经用一个鳄鱼法则来说明：假如你被一只鳄鱼咬住了脚，这时如果你试图用手拽出你的脚，那么鳄鱼便会同时咬住你的脚与手，这样你越挣扎，被咬住的地方就越多。所以，如果你真的被鳄鱼咬住了脚，你唯一的办法就是牺牲一只脚，以换取身体其他部分的解脱。在股市里,鳄鱼法则就是:当你发现自己的交易背离了市场的方向,必须立即止损,不要有任何延误,不要有任何的侥幸心理。

止损的理念是必须具备的。人非圣贤,孰能无过? 即使是投资高手,也难免会因为判断失误而导致亏损。但在实际操作中,有些投资者确实有明确的止损态度,可是当真的遇到应该止损的情况时,却又变得优柔寡断,开始奢望出现奇迹,将亏损缩小甚至"扭亏为盈"后再出局。不坚持原则的后果,往往是为此付出更大的代价。

对于这样的人,就应该从操作的细节上下手,具体的手段就是设定止损点。止损点就是当股价跌破百分之几或跌到某个价位时,就清仓脱身,运用这种方式可以把风险或亏损控制在一定限度内。

那么具体的操作又该如何呢? 我们举个例子说明,比如对于某只股票,我们10元钱买进的,但买进后它就开始下跌,这时我们有三种方式设置止损点:第一,当股价跌幅达到一定比例时,比如,跌幅达到10%或15%就立即清仓,比例大小需要根据市场状况及投资者自身的心理承受能力而定,不同的人可以采取不同的比例;第二,当股价跌破某一价位时,比如,该股跌至7元就止损清仓;第三种是时间止损,即当这只股票到达某个时间点时,无论价格在何处,都及时清仓。

三种方式可以根据自己的实际情况任选一种,但设定时一定要持续和一致,不要将止损点换来换去,而且在实施的过程中也要坚决,不可以抱有侥幸的心理。这样坚持止损点策略,可以使我们避免因为一次错误的投资决策而导致全军覆没。

止损可能还好理解一些,毕竟谁都不愿意赔钱,赔的少总比赔光要好;但是对于止盈来说,就要投资者具有相当强大的自制能力了。我们投资的目的就是赚钱,谁都想赚更多的钱,那么在赚钱的大好形势下,叫人抛出自己的股票,这无异于让他们杀掉生蛋的老母鸡,这是谁都不会心甘情愿去做的。因此止盈这一概念就常常处于被忽视的状态。

但忽视并不意味着不重要,要知道,在巴菲特的投资生涯中,最重要的理念之一就是止盈——见好就收。回头想想,当2007年中国股市红红火火的时候,巴菲特清仓了他所持有的所有中石油的股票,由此避开了"熊市"的冲击,而原本嘲笑巴菲特的人也纷纷佩服起了他的先见之明。

我们总能听到身边的某个人买对股票赚了大钱,但却很少听说他全身而退把钱拿回了家。有的股票涨得很多,甚至翻几倍,这时懂得止盈的投资者早就脱身了,但另外一些投资者则在翻倍的时候贪心不足,最后不得不亏损出来,这就是因为他们没有止盈的意识。

关于止盈意识的培养,我们也要从止盈点的设立开始。由于不懂得设置止盈点,有些人像上面说的那样,原本翻倍了,也想过急流勇退,但总是心里痒痒的,想再多赚一点,多赚一点,最后不光没赚到,反而亏钱出来,后悔得难以自已。对于他们,就特别需要设定一个止盈点。

还是用这个例子:我们用十元钱买入了某只股票,没过多久它就上涨到十五元了,我们获得了50%的盈利。这个时候如果出来,再涨会后悔;不出来,又怕利润再丢掉甚至变成亏损。那么我们就可以通过设置止盈点来解决这个问题。止盈点的设定也可以采取以下三种方式:第一,当股票涨到一定比例的时候,见好就收。我们10元钱买的股票,可以把止盈点设在20%,等到它上涨到12元时,就立即抛出,无论它走势如何。同时还要注意的是比例必须合理,要在一个可实现的范围内,比如设20%是可以的,但如果设200%,那除非抽中了新股,否则是你在拿自己的本金开玩笑;第二,设价位。比如,10元钱买的股票,而后它上涨到12元,设定跌破11元就出仓;如果它没有跌到此价位而是继续上涨到了13元,那么,就设定跌破12元就出仓。这样逐级抬高标准,锁住自己的利润,也不至于因提前出仓而后悔;第三,根据时间设置止盈点。这个和设置止损点如出一辙,都是将持有设置在一段时间内,时间一到无论挣了多少,都立即清除脱身。

　　投资者在股市中出现决策失误，其根本原因就在于自我控制能力不足，而这种不足是由人的本性所决定的。上涨之后，投资者的普遍想法是它还会再涨，此时贪婪和乐观蒙蔽住了心，感性超过了理性；同样在下跌的时候，亏损造成恐惧，投资者害怕赔钱，于是一直安慰自己"股价还会涨回来"，这种盲目地自欺欺人造成了判断上的偏差。

　　无论止损还是止盈都是一件非常痛苦的事情，是对投资者弱点的挑战，是对投资者心态的考验，因此我们才说股市上只有睿智的、拥有平和心态的人才能笑到最后。"及时止盈是一种本领！及时认输也是一种艺术！"承认失败和见好就收都不丢人，掩饰失败、逃避失败才是最丢人的！

第四节

对已经造成的损失不必过于在意,更不必耿耿于怀

没有人能够做到从不失误,即使是"股神"巴菲特也曾有过被传为"笑谈"的失手经历。

1990年,在伯克希尔公司决定拿出35800万美元购买美国航空公司特别股时,就注定了是一项失败的投资。那时候,巴菲特也曾隐约感觉到这项交易可能会是他投资生涯中的一次"非受迫性失误"。"非受迫性失误"是网球里面的一个名词,意思是说没有人强迫他做什么,也没有人误导他做什么,完全是他自己作出了一项错误的决策。巴菲特后来自我分析说,当时作这个决策的主要原因在于他个人的草率分析和对自己过分自信。

1994年9月,美国航空公司宣布停止发行特别股股息,这个消息彻底宣告了巴菲特当初决策是一个错误。巴菲特后来曾不无调侃地对人说,伯克希尔公司在美国航空公司上的投资失败,称得上是他投资失败史上的"冠军"。而"亚军"则要算1993年年末,他以每股63美元的价格卖出了美国广播公司1000万股资的股票,但是仅仅过了一年,在1994年年末,该公司的股票价格就上涨到每股85美元,仅此一项就少赚了2.2亿美元。

如此这般的失误,在巴菲特的投资生涯中不算凤毛麟角。在1978年到1980年间,巴菲特曾以每股50多美元的价格卖掉了某家公司的股票,然而在1986年他意识到自己的判断错误,最后不得不又以每股70多美元的价格把它给买了回来。事后他开玩笑说,自己如此这般地折腾,就像一个顽皮的不知所措的孩子一样,当时真应该找一个监护人来好好管管自己。

　　然而巴菲特毕竟是巴菲特,虽然因为各种各样的决策失误导致投资失误数额巨大,经常要造成上亿甚至几十亿美元的损失,但令人佩服的是巴菲特的心态似乎从不受影响,不但能立即走出失败的阴影,迅速打赢下一个翻身仗,而且心态良好,事后还总是乐于拿这些失误当作笑谈,在朋友或者公众面前谈起,一点排斥都没有。

　　人总是免不了会犯错,巴菲特之所以对自己的错误有如此豁达的心态,就是因为他认识到了这一点。而且他认为,错误并不可怕,可怕的是不承认自己的错误。不承认自己的错误就找不出错误的所在,也就失去了改正错误获得胜利的机会。巴菲特曾说过:"错误通常在作决策时就已经造成,不过我们只能将'新鲜错误奖'颁给那些很明显的愚蠢决策。照这种标准,1994年可算是竞争相当激烈的一年。在这里我必须特别指出,大部分错误都是查理·芒格造成的,不过每当我这样说时,我的鼻子就会开始变长。"

　　2004年的伯克希尔公司年报中, 巴菲特曾经为他的支持者分析道,一般来说,投资者容易造成投资损失的原因主要有三方面:一是频繁交易,从而导致交易成本太高,所赚的一点点差价都支付了交易费;二是买卖股票的决策依据主要是小道消息,而不是理性、量化的企业评价;三是浅尝辄止的投资方法、错误的介入时间,使得投资成本过高,从而注定这种投资将来要失败。而对于这三个错误,投资者只要犯过一次就应该产生免疫能力,但为何还是有很多投资者在这些错误中徘徊不前, 出现一错再错的情况呢?那就是由于这些投资者没有一个良好的心态,不是对自己犯下的错误视而不见,就是被自己的错误羁绊不前,走不出执拗的懊悔心理。

　　2008年当由美国次贷危机引起的金融风暴席卷全球的时候,巴菲特按照他"别人贪婪的时候我恐惧、别人恐惧的时候我贪婪"的投资策略选择抄底。但令他没有想到的是,这次的金融风暴实在太过猛烈,他所投资的股票无一不被套牢,而且是被深深地套住,短时间内见不到一丝翻盘的希望。

美国股市在2008年至2010年的三年间持续下跌，按照当时的股市情况，被誉为"股神"的巴菲特在股市暴跌面前同样显得脆弱、平庸。他和很多普通投资者一样，每天都面临着投资的大幅缩水。但是，与其他人不同的是，人们很少能够看到他有任何情绪上的波动，或者行为上的反常。据巴菲特的员工和朋友讲，当时巴菲特没有任何反常，和以往一样，办事不慌不忙，照样吃得香、睡得着，上班该做什么还是做什么，周末还会约几个好友打打高尔夫球、玩玩桥牌，心里似乎根本就没有把投资被套牢当一回事。气定神闲的"宗师"风范在这一非常事件中展现得淋漓尽致。

虽然说巴菲特在抄底时也出现了错误，但这也正给了我们一个从另一面认识"股神"的机会，让我们看到巴菲特是如何理智投资的，尤其是他那种心态非常值得我们学习。要知道，巴菲特一个失误所损失的资金可不是几万元、十几万元，而是几十甚至上百亿美元啊！巴菲特曾说过，自从1994年伯克希尔公司的净值达到119亿美元之后，他就已经不再将精力放在小规模的公司上面了，因为如此多的资本迫使他不得不把目光只放在那些几亿美元以上的投资项目上。这样做一方面可以提高公司的工作效率，将精力尽量用在该用的地方；而另一方面，也给公司的投资带来了很大的风险，因为基数太大，所以一旦出现决策失误，带来的后果很可能就是毁灭性的。

我们只要把100多亿这个数字随便乘上一个百分比就可以预见：无论是多么微小的变化，都会给伯克希尔带来令人咋舌的收益变动。因此如果巴菲特因为一次失误就被不理智的情绪占据头脑，那么伯克希尔将会付出多大的代价？

事实上，巴菲特不仅不会让曾经的错误影响到判断，反而能够从每一次的失败投资中分析出问题的所在，得出经验，以防止同类问题在下一次投资中发生，从而变坏事为好事。他曾说过一句非常睿智的话："实际上，我的每一次失败的投资，都在为下一次的成功打基础，伯克希尔的高成功率和高回报率就是从以前的一次次失败中取得的。"

我们都知道巴菲特是一个非常爱好棒球的人，他最喜欢的棒球运动员泰德·威廉姆斯曾说过："如果你想要成为一名优秀的击球手，那首先要做的是全神贯注瞄准每一颗投过来的球，在这之前你可能错误地放过了很多好球，也可能打失误了很多坏球，但是当这一只球向你飞来的时候，你的眼睛里就只能有它，为上一棒的错误惋惜只会连累你把这一棒也打失误……"我们不知道巴菲特是否铭记了这句话，但在面对投资时，他确实是像威廉姆斯说的那样做的。

巴菲特总是强迫自己不去想那些已经造成的损失，他经常告诫自己每一次投资都是新的，不要对上次的错误耿耿于怀，更不要试图让这次的投资为上一次的失败买单。在这一点上他与查理·芒格有着同样的态度，所以伯克希尔公司总是静静地屏住呼吸，等待着下一个"棒球"慢慢滑进它喜欢的好球带，而不去关心那些错过的机会或者打飞了的球。

我们为什么投资？无非是为了赚钱。那我们赚钱的目的又是什么呢？是我们知道有钱可以让自己做自己想做的事，买自己想买的东西，进一步讲就是想使自己生活得更快乐，那么我们就不应该对自己的投资失败耿耿于怀。如果我们在股市投资，是以健康受损害和心灵受折磨为代价的，那么，赚这个钱还有多大意义？不论盈亏，都要做一个快乐的投资者，在投资过程中感知乐趣、心境平和才是投资的至高境界。

其实，仔细分析巴菲特的成功秘诀就会发现，他成功的关键在于有一个良好的心态。成千上万的投资者热衷于模仿巴菲特，他真正难被模仿的却是获取收益的心态，而不是简单的投资技巧。许多投资者对巴菲特的投资技巧研究得非常透彻，分析得头头是道，但到了自己投资的时候却总是成绩不佳，主要就是因为他们可以模仿成功的做法，却不能复制成功的心理和心态。

第五节

无论金融风暴如何猖獗，最终一定会过去

2008年随着美国国内次贷危机的爆发，前两年上升势头迅猛的美国股市也跟着大幅跳水，由此引发了世界范围内的金融大动荡，很多国家的经济处于崩溃的边缘，国际投资市场上哀鸿遍野，一片惨淡，恐惧和悲观的气氛弥漫着整个市场。

在这次猖獗的危机中，一直是全球投资标榜的巴菲特又是怎么做的呢？2008年10月1日前后的一个星期，就在全球股市出现暴跌、投资市场上的绝大多数企业面临流动性危机的时候，巴菲特掌管的伯克希尔公司却利用自己充足的资金，在全球各个股市大范围买入股票，也就是我们一贯所说的抄底。

2008年9月23日，巴菲特用50亿美元的巨额资金入股美国第一大投资银行高盛集团；在一个星期后，他宣布收购中国最大的充电电池制造商比亚迪公司的股份；10月1日，他又宣布要投资30亿美元对美国通用电气公司的股份进行收购；而为巴菲特间接掌控，即伯克希尔公司控股的美国第五大商业银行富国银行集团，也在他的授意下宣布要以151亿美元的价格收购美国第六大商业银行美联银行。

"在别人贪婪的时候谨慎，在别人谨慎的时候贪婪"是巴菲特一贯坚持的投资原则，上面的例子也很好地说明了这一点。巴菲特的这一原则每个投资者都听过，但坚持做到的人却寥寥无几，原因是什么呢？主要是在于普通的投资者没有巴菲特那样坚强的心理和抵御诱惑的定力。在股

市一片大好时还可另说,但当股市出现危机的时候,很多人看着自己真金白银地赔着,很少有能坐得住的,于是越恐惧越想抛出,越抛出赔得越多,赔得越多就越恐惧,从而形成恶性循环,让市场笼罩上一层恐怖的大幕。

中国有句古话:人有悲欢离合,月有阴晴圆缺。巴菲特的好心态主要是来自于对这个道理的认识,他认为,股市中总会出现这样那样的动荡,这是人力所不能控制的。因此理性的投资者要尽量不让自己为这些莫名其妙的恐惧所困扰,从而改变投资态度。

我们从历史数据上看,也确实如此。不说世界,就在美国,像2008年这样的经济危机、金融风暴也是经常发生的。1907年、1929年、1987年都曾发生过类似的情况,那时候的美国股市也都经历了突然震荡,然后长时间处于低迷状态,市场萎靡不振,投资者全无信心。但是,这一切最终还是随着时间慢慢改变了,股市一次次濒临崩盘,又一次次复苏,并且很快出现了新的上升行情,甚至超过了震荡前的发展状况。

其实跌后反弹这个道理早在我国古代就有过讲述,《老子》中有个典故叫"塞翁失马,焉知非福"。一件坏事如果处置得当,其实是有机会变成好事的。同样在美国,1910年时,亚拉巴马州被一场突如其来的象鼻虫灾害所侵袭。当时的亚拉巴马州是美国重要的棉花产地,一场象鼻虫灾害让很多棉田变得一塌糊涂,这可以说是要了棉农的命,间接上也要了州政府的命。在一番调查和研究之后,州政府果断地决定指导农民种植其他作物。于是棉农在一阵恐慌之后纷纷振作起来,在一片狼藉的棉田里试着套种玉米、大豆、烟叶等农作物,结果不但防治了象鼻虫灾害,还取得了良好经济效益。

从投资角度上来讲,这种"塞翁失马,焉知非福"的事例也实在太多了。对于投资者来说,金融海啸是谁都不愿碰到的灾难,但灾难到来的时候光有恐惧是不够的,关键是要化不利因素为有利因素,从中找到新的投资机会。因此对于一个成熟的投资者来说,这个世界上其实并没有绝对意义上的金融风暴,有的只是对待金融海啸的不同态度和行动。巴菲特在全球疯狂抄底的举措也正是表明了,面对持续低迷的股市和近乎恐惧到极点的市场,或许这正是捕捉投资机遇的大好时机!

1994年巴菲特在伯克希尔公司年报中说,伯克希尔公司先后在1967年买入了国家财产险公司、1972年买入了喜诗糖果公司、1977年买入了《水牛城日报》、1983年买入了内布拉斯加家具中心、1986年买入了斯科特·费策公司,要知道,在当时无论是市场还是这些公司的情况都是非常糟糕的。但他在评估这些收购案例时,关心的并不是道·琼斯工业指数的具体走势、标准普尔指数、美国联邦储备委员会的决策方向或是美国投资者整体的悲观心态,他关心的是这些所要投资的公司本身的发展前景到底如何。巴菲特认为:"只要这些投资目标本身的内在价值不错,买入价格又可以接受,那就不用过多考虑其他因素。"

巴菲特的这一决策方式贯穿了他的整个投资生涯,尤其在金融风暴来临、股市低迷时屡试不爽。2008年9月,巴菲特拿出了50亿美元,购买高盛集团的永续优先股后曾经表示,高盛集团是一家不同寻常的机构,该公司拥有无与伦比的全球业务,拥有久经考验和深谋远虑的管理团队,拥有人才储备和财务资本,因此他愿意相信,该集团能够成功走出金融危机并在以后的道路上延续其历史上的卓越表现。

但当时巴菲特的这一观点却遭到了市场的嘲笑,他们认为巴菲特也许曾经无数次逆向行动并获得成功,但这次选择在如此剧烈的金融风暴面前"挺身而出"无疑是选错时间了。而事实也似乎正向人们预料的方向发展:由于受金融危机的影响,美国的个人消费水平急速下降,这对于个人消费占经济总量比重超过2/3的美国来说无疑是雪上加霜。为此,2008年11月,当时的美国财政部长亨利·鲍尔森明确表示,这种现状迫使政府不得不停止收购银行不良资产,而把金融救援重点转向教育、住房等非银行消费领域。受此信息影响，高盛集团、摩根斯坦利等金融类企业的股票价格立即大幅缩水，巴菲特被牢牢套住了。但令人不解的是，巴菲特似乎早已预料到了这一切。对于这样"惨烈"的情况巴菲特非但一点都不紧张，反而表现得相当沉静，在确定市场没有好的股票可买之后，他跑去旅游了。

这一行为让很多人不解，两年之后巴菲特回答了大家的疑问。他说在那个时候，无论是谁买入股票，发生几率最大的事就是被套牢，这是大的经济背景造成的，不会因为他是巴菲特而发生任何改变。但是金融风暴早晚有过去的那一天，市场会慢慢复苏，而那时就是他获得回报的时候了。而且就拿高盛公司的股票来说，他购入该公司也并非盲目，而是做了深入的调查的，这些详细的调查结果和他一贯的谨慎态度就是他对抗金融风暴的法宝。

我们回过头看看，当初巴菲特购入的公司现在相继走出了颓势，巴菲特收获的季节就要来到了。仅从短期看，他买入高盛集团、通用电气公司、比亚迪公司等股票，确实是被套了，可是又有什么关系呢？问题的关键不是巴菲特挑战金融风暴的行为是不是鲁莽，而是我们应该好好理顺一下自己的投资思路。

还是在1994年的伯克希尔公司年报中，巴菲特说了这样一段话："对于一般投资者相当迷信国家政策和经济局面的做法，我和查理抱着一种视而不见的态度。因为从我们过去30年的经历来看，从没有人能准确地预测到越南战争会持续那么长时间、工资和价格会被政府管制、我们会连续发生两次石油危机，更没有人预测到哪个美国总统会辞职下台、苏联会解体、道·琼斯指数会在一天内大跌508点、国库券利率会大幅度波动，等等。但我们可以肯定的是，所有这些曾轰动一时的重大事件，最终都未能动摇本杰明·格雷厄姆的投资哲学，也没有给那些以合理的价格买入股票的投资者造成损失。"所以无论金融风暴表现得多么猖獗，都没有什么可怕的，时间是击败它的最好武器。

第六节

乐观主义是理性投资者的最大敌人

1979年，在美国股市形势一片大好的时候，巴菲特曾经写过一篇名为《在股市已经一片看好声中，你将付出很高的价格进场》的文章。他写这篇文章的目的是分析市场上一些有着非常乐观心理的投资者，因为巴菲特已经看出了在大好形势下暗藏着的风险，因此盲目乐观的人最后很可能就会成为市场的牺牲品。

当时，美国主要股指道·琼斯工业指数比股票的账面价值略低，市场上股东权益的平均回报率是13%，债券的利率则在9%到10%之间波动。然而，绝大多数的退休金经理人选择购买债券而舍弃股票。而在1972年，当时的股东权益回报率为11%，而道·琼斯工业指数则处在股票账面价值168%的水准。在此期间，巴菲特注意到，很多退休金经理人已经开始出售债券，并将所筹得的资金大量地投入到股市当中了。

那么1972年和1979年之间的差异到底在哪里呢？对此巴菲特为我们提供了一个可能的解释：在1972年时，投资者对于市场的掌控能力比较好，他们能够预测或者自认为能够预测出市场的走向，因此乐观的情绪使得他们更愿意把资金放在回报率高的地方；而在1979年的时候，投资组合的经理人可能已经感觉到，他们既然无法了解短期的趋势，最好还是别碰股票为妙。

巴菲特表示，虽然类似于这样的心态并非全然错误，但投资者仍然要小心，因为"未来的情况我们是永远都摸不清的"，"在股市已经一片看好声中,你将付出很高的价格进场"。

要知道,巴菲特是从不会因为他所要投资的企业市场价格发生改变而停止收购行为的。"虽然偏高的市场价格可能使得交易额减少许多,但是我还是能够发现吸引自己的公司,然后毫不犹豫地收购它的股票。不过当市场价格下跌,多数投资人普遍持悲观态度的时候,具有吸引力的交易数量倒确实将会增加。"巴菲特说。

巴菲特并不关心股票市场的涨跌,这就是他的理智之处。正如他所指出的,了解其他大多数人的想法,并不能够代替你自己本身的思考,想要获得超出别人的收益,你就得将精力放在全面地评估所要投资的公司在经济方面的基本体制上面。因为热情拥抱目前最流行的投资方式或情报,是任何一个市场新人都会选择的,但它也总是将这些市场新人带上赔钱的道路。

理智是正确行为的前提,而无论悲观还是乐观,对于人保持理智来说,都是有极大的伤害的。现在提起巴菲特,很多人自然而然地就会想到华尔街,因为二者都是美国投资市场的标杆,希望能够从中找到一些共同点,从而总结出一条通往成功的"捷径"。这种愿望是可以理解的,毕竟赚钱发财是每一个投资者进入市场的终极目标。但是,如果仔细倾听这位无论居住还是工作都没有离开过自己的家乡——奥马哈的老人的讲述,就会发现他的投资理念和华尔街其实是背道而驰的,可谓"道不同不相为谋"。

以一个最为浅显但又最容易让人误解的事情为例,巴菲特是因坚持长期投资而获得成功的,这就很容易和那些靠着以炒短线为生的华尔街投资机构牵扯入买卖股票的时机和持有时间长短的投机与投资的辩论中。因此可以看出,巴菲特与华尔街的那些投资机构对股市的理解是完全不同的。

在华尔街,人们最乐于见到的就是股市一片大好,"涨涨涨"是他们

171

最喜欢听到的声音。而巴菲特则不然,他喜欢股票下跌,并且还敢冒天下之大不韪地在公众面前说出来。巴菲特就说过:"许多投资者在股价不断上涨时心情愉快,而在股价下跌时闷闷不乐,这是一个如此荒谬且不合逻辑的行为。而且令我不解的是,在面对诸如面包这样的日用品价格的反应时,他们却不会表现出这样的思维混乱,因为他们知道自己永远是面包的买家,并且欢迎不停下跌的价格,谴责面包价格的上涨,而这时就只剩下面包店和做面包的作坊不会喜欢一路下跌的价格了。"

巴菲特总是以一个价值投资者的身份来看待自己,因此他并不是将股票抽象地看作一种时刻交易的符号,而是公司的一个象征。他曾经多次在公共场合重申更喜欢年复一年地买进整个公司,因为下跌的公司价格会使伯克希尔公司受益,而上涨的价格则会让他苦恼不堪。

股市投资第一是看技术,没有好的技术,投资者就无法辨别股票背后的真正价值;第二重要的是心态,如果心态不稳定,总是盲目乐观,那么无论有多么好的甄别技术,选中多么好的股票,在错误的时间买入一样会让你血本无归。

我们都听过一首歌名叫《明天会更好》,我们也确实向往自己投资的明天会更好,那么如何才能为更好的明天加一个保险呢?就是要认识到今天的"不好"。巴菲特下面一段话会为我们当中一些永远要自己保持"乐观"心态的投资者带来一点建议:"盲目的乐观是使投资者以高出股票价值的价格购入股票的'罪魁祸首',投资的真正意义在于花尽量少的钱买入最值得的东西,然后等待升值,从这个意义上讲,乐观主义真的是投资者必须摒弃的'恶习'。"

第七节

用自律来避免心态的失衡

巴菲特拥有巨额的财富,这是众所周知的,但是很多人不知道的是,巴菲特的财富其实更多的是来自于他了解的三个行业,即报纸、食品和保险业。

其中,保险业是巴菲特最感兴趣的行业,也是他开始发迹的地方。1956年,巴菲特购入他人生的第一家全资公司。该公司的主营业务是纺织,当时的纺织业已经是一个日薄西山的行业了,在巴菲特刚开始持有的时候伯克希尔还有些盈利,但接下来就亏损连连。而这时巴菲特独到的眼光发挥了作用,当其他纺织公司都忙着把自己的盈利投资在添设工厂的新设备上时,他却出人意料地让公司做起保险业务。他聪明地并购了几家保险公司,而这几家保险公司也没有让巴菲特失望,它们的盈利使伯克希尔得以投资在更多优秀的公司、买入更多的保险公司。

1967年3月,伯克希尔公司以总价860万美元购买了总部设在奥马哈的两家绩优保险公司的股权,它们分别是国家偿金公司和全国火水保险公司,这两次并购拉开了巴菲特走向传奇的序幕。在上个世纪六十年代中后期,保险是个利润颇丰的行业。巴菲特购入国家偿金公司仅九个月,在当年年底他就收到了1680万美元的担保费,而净利率高达10%,这一家公司为巴菲特净赚了160万美元。而到了1968年,该公司的净利上升到220万美元,保费则增加到2000万美元。由于巴菲特在保险业中尝到过甜头,因而对拓展保险领域更是不遗余力。在70年代,他又不失时机地购入了8家保险公司,巴菲特的保险帝国初步形成。

之所以投资于保险业,主要是因为巴菲特认识到保险公司是一流的投资工具:保险客户要先支付保费,这样就提供了经常性的流动现金,保险公司可以把现金拿来进行再投资,进而获得投资回报。因此巴菲特知道,自己如果能够插手保险业,不仅能够拥有稳健经营的保险公司,还能够获得将来投资所需的丰厚资金来源。

但保险市场竞争激烈,美国的保险公司有几千家,为何单单只有巴菲特能够取得如此令人瞩目的成绩呢?原因就在于他坚持合理公正的价格,从来不做赔本生意。在一次采访中,巴菲特曾经阐述过自己对这件事情的看法:"当市场供应量不足的时候,我们加大供应量;而当市场供应充裕的时候,我们略欠竞争力。当然,我们不是因为要做稳定剂而遵循这个政策,是因为我们相信,稳定的价格政策是最合理、最有利的企业经营方式。"而巴菲特的竞争对手们则因为用高于成本的价格来盲目提高市场占有率而连年亏损,最后只能被市场残酷地淘汰。

巴菲特曾经多次强调,他所掌控的伯克希尔公司是一个始终坚持稳定发展的保险供应商,他只做价格合理的生意。他的这种与众不同的经营方法被人称为"保险业的安定剂"。巴菲特曾不无得意地说,保险业才是伯克希尔未来的最大扩展功臣和盈利来源。

为何巴菲特对自己的保险业有如此强大的信心呢?又为何巴菲特能够一直保持"只做合理生意"的理念,而不惜为此放弃扩大市场占有率的机会呢?这一切都要从巴菲特的自律说起。

巴菲特是一名犹太人,受犹太教思想影响非常大的他,在面对任何事时都会表现出极强的自律,可以说,巴菲特优于他人的投资成功就是由他强大的自律精神创造的。自律是理性,是当整个市场都陷入发财的疯狂气氛时,他还能保持清醒头脑的关键。这种自律保证他不陷入"集体的疯狂",因此在虚假的繁荣过后经济危机到来,大家都在陷阱中,百般挣扎、越陷越深的时候,唯独他还能自保,还有能力打捞别人丢下的果实。

　　巴菲特曾说过,明明意识到了自己的错误,却还在加倍努力,是最愚蠢不过的行为。但人们却常常有一种"法不责众"的心理,认为人多的地方总是安全的,即使做错了,但因为是大家一起做的,就认为肯定能找到扭转办法,但事实真是如此吗?别的领域我们可能不知道,但在投资领域,人多的地方却往往预示着危险。在面对一种普遍的行为或者心理时,能够冷眼旁观、避免群体自毁的,就是投资自律。这种极端的自律,用在投资上面,简直就是如鱼得水!

　　当时,美国保险业的普遍现象是:市场上比例比较大的险种,大家就一窝蜂地卖;市场上很少出现的险种,尤其是很特别的,大家就都不敢去尝试。原因就是人人都卖的险种,我们也跟着卖,那么即使最后赔钱了,股东们也没法怪我们,因为毕竟整个行业都在赔钱;反而是那些没人敢动的特殊保险,如果我们胆敢去卖,赚钱时没有多少人会称赞我们,因为他们会把这个成绩归功于运气,但一旦亏损可就糟糕了,股东们的口诛笔伐就会如暴雨般降临。

　　保险业本身是利用财务杠杆的功能产生利润的,一旦出现失误,很容易就会产生多米诺骨牌效应,使损失瞬间蔓延到十倍、甚至几十倍。因此巴菲特为他的自律承担了多大的风险可想而知,但也正是他的自律为他带来了别人无法企及的收益和荣耀。

　　巴菲特没有所谓的必胜策略,他只是恪守自律的法则,经过精确的计算得出对当前形势的看法。如果认为行情好,他就做;如果认为行情不利于操作,他就不做。这一点,在管理保险公司上最为明显。巴菲特说过,伯克希尔的保险业务从来都是视行情而定的,今年可以只卖去年1/5的保额,也可以卖去年五倍的保额。这和其他保险公司由上到下,每一阶层都有各自若干百分点的增长率目标的现象是截然相反的。这也许就是伯克希尔能够为股东在未来15年里赚大钱的秘诀。

　　巴菲特推崇的一位企业管理大师德鲁克也说:"以为明天会像昨天一样,这种随意的心理很可能会使组织受到最大的伤害。"这和巴菲特的观点不谋而合。投资要想成功,关键是要有一个清醒的头脑,无论是随意、贪婪、恐惧还是从众,都会导致投资者失去理智,因此自律就成了保证头脑清醒、判断正确、投资成功的先决条件。

在投资实践中,巴菲特曾给出过自己关于投资三要的自律法则:

首先,要投资那些始终把股东利益放在首位的企业。巴菲特总是青睐那些经营稳健、讲究诚信、分红回报高的企业,以最大限度地避免股价波动,确保投资的保值和增值。而一旦他选定的企业偏离了这个方向,那么无论它表现出多么让人动心的前景,巴菲特都会强迫自己将其出手,以确保收益的稳定。

其次,要投资资源垄断型行业。可口可乐、吉列公司这样的企业无一例外地都在各自的市场上占有一定的垄断地位,它们拥有庞大的销售网,销售额高出同类企业几倍甚至几百倍。这类企业成为巴菲特的首选就是在于它们有稳定的经营情况,虽然可能增长缓慢,利润率比较低,但它们的持续性远远好于其他企业。巴菲特能够耐住性子、抑制贪念选择这些慢且稳的企业,也是自律的一种表现。

第三,要投资易了解、前景看好的企业。巴菲特认为,凡是投资的股票必须是自己了如指掌,并且是具有较好行业前景的企业。他能够克制自己的情绪,将注意力集中在较小的范围内,而不受市场形势的影响。这种自律行为极大地保证了他的资金安全,也成就了他在投资市场上几乎不打败仗的美名。

而对于不熟悉、前途莫测的企业,即使被人说得天花乱坠,巴菲特也毫不动心。他从不贪婪,犹记得在1969年,整个华尔街进入了投机的疯狂阶段,面对连创新高的股市,巴菲特却在手中股票涨到20%的时候就异常冷静地将其悉数全抛。这种恪守原则的行为当时被很多人视为"胆小",但回头看看,试想如果当时人人都有巴菲特这般"小"的胆子,当1970年股灾到来时,又何至于会有那么多人被逼的跳楼呢!

第七课

简　单

——赚钱的方法很多,但简单的方法最赚钱

第一节

致富靠习惯的力量

理财是一种生活习惯,一种像吃饭、睡觉那样必须坚持的习惯。只是很多人很好地坚持了吃饭、睡觉的习惯,但理财这个习惯坚持起来却很难。因为理财这种习惯需要从小培养,需要割舍自己的某些嗜好,需要交"学费"从而增加自己的投资智慧。

理财习惯的最佳形成时期是小时候,因为小时候的可塑性强,吸收能力强,更重要的是小时候明白的东西能够影响人的一生。巴菲特5岁时就知道用25美分买5瓶可乐,然后每瓶6美分卖出去;10岁时就知道买两台角子机放在理发店租给大人玩;11岁时就"研究"出据说挺有用的"马经"小报卖给赌马的人……

我们成不了巴菲特,但能学习他对金钱的认识和渴望,还有从小就身体力行,每天5点起床送报纸,一送就是5年的坚毅精神,而当时,他的父亲是国会议员!到14岁,他拥有了8600美元的积蓄,那是他送报纸积累下来的所有收入!你肯定十分吃惊,一个温文尔雅的英俊小男孩,国会议员的唯一儿子,他哪来的这种动力?是啊,也许这种习惯就是奠定巴菲特神话的基石。

当然,小巴菲特没有因为赚钱而耽误自己的学业,当他16岁进入沃顿商学院读书时,发现几乎所有的关于股票、证券的书籍他早就读过了。于是两年后,他离开了沃顿,因为他觉得在那儿已经学不到新的东西了。小巴菲特6岁的时候就对邻居说,"我30岁之前要赚100万,要不就从奥马哈的最高处跳下来。"

对于我们普通投资者而言，投资市场是一个既危险又带有诱惑力的地方，因为它能够创造令人难以想象的财富，也因为它的变幻莫测。我们知道，无论在何种投资市场上，总是有人欢喜有人忧。很多人可能在一夜之间赚得钵满盆余、腰缠万贯，但也可能在顷刻之间倾家荡产。

可以肯定的是，绝大多数投资者都是被投资市场里美妙的盈利前景所吸引，才选择"下水"冒险的，但事实上，投资市场上的幸运儿远远少于那些做黄粱一梦的失败者。在股市当中失败的原因有很多，但最根本的还是在于自己。

也许很多投资者曾经发现过这样的问题：自己对投资市场可谓下足了功夫，为发现投资市场的"规律性"特征、应对风险、获取利润而到处听专家讲座、买投资名人的书籍，甚至拜一些业绩非凡的资深投资人为师，但每每到了自己要独立面对投资时却总是出现这样那样的问题。自己所做的一切都和那些书籍上写的、"股神"们教的并无不同，但为何却不灵了呢？在这里我们有必要研究一下"股神"巴菲特，看一看他是如何投资的。

巴菲特出生于美国内布拉斯加州的奥马哈市，这是一个幽静的小城市，人口还不到十万。那时，这个小城给人的主要感觉就是祥和、舒缓，全然没有紧张的经济氛围。但出生在这里的巴菲特却和小城不同，他从小就表现出了极强的金融才能和投资意识。小小的巴菲特钟情于股票和数字的程度远远超过了家族中的任何人，当时就有父母的朋友说他"满肚子都是挣钱的道儿"。

5岁时，巴菲特在家中摆地摊向邻居的小伙伴兜售口香糖；稍大点以后他便开始带领小伙伴到郊区的高尔夫球场捡一些大人用过的高尔夫球，然后转手倒卖，收入还非常丰厚；上中学时，他除了利用课余做报童外，还与伙伴合伙将弹子球游戏机出租给理发店老板，挣取外快。这一切似乎都预示着这个孩子将会成为一名成功的商人。

1950年，被哈佛大学拒之门外的巴菲特考入了哥伦比亚大学商学院，遇到了著名投资学理论学家本杰明·格雷厄姆，这一次的偶遇彻底改变了巴菲特的人生。格雷厄姆反对投机，主张通过分析企业的盈利情况、资产情况及未来前景等因素来评价股票。他独特的见解和别具一格的知识体系令巴菲特大开眼界，本就具有投资天分的他很快就拜在格雷厄姆门下，成了格雷厄姆的得意门生。

5年的大学时间让巴菲特将一切偶有的投资行为都养成了固定的习惯，而在投资习惯中他又结合导师格雷厄姆的思想，将思考股票价值、选择股票、确定是否投资、何时投资融合成了一个关于投资的习惯体系。拥有这一切的巴菲特很快就展现了他天才般积累财富的能力。1957年，他掌管的资金达到30万美元，仅至年末就升至50万美元；1962年，巴菲特合伙人公司的资本达到了720万美元，其中有100万是属于巴菲特个人的；1964年，巴菲特的个人财富达到了400万美元，而此时他掌管的资金已高达2200万美元；1967年10月，巴菲特掌管的资金达到了6500万美元。他赚钱的速度和数量令人憧憬，难怪当年美国曾有人说："谁选择了巴菲特，谁就坐上了发财的火箭。"

但到了1968年5月，当股市一路凯歌的时候，巴菲特却隐退了。而次年，一场股灾突然来袭，巴菲特成功地躲过一劫。到了1970年5月，每种股票都比上年初下降了50%，甚至更多。当别人垂头丧气之时，巴菲特却暗自欢喜，他财源滚滚的时候到了，因为他发现了很多便宜的股票。1972年，巴菲特盯上了报刊业，10年之后，他投入的1000万美元升值为两个亿；1980年，他用1.2亿美元、以每股10.96美元的单价，买进了可口可乐7%的股份，到1985年，其股票单价达到51.5美元，翻了5倍。巴菲特的赚钱能力让全世界的投资家咋舌。

如果说巨额的收益和高回报率还不令人震惊的话，那么能够屡屡在市场震荡之前先于他人而动,成功躲过股灾保护资本安全,足以让很多人感到惊叹不已。对此,巴菲特曾将他的这些成就归结为"是习惯的力量"。在巴菲特看来,能拥有如此出色的投资业绩主要归功于他从小独立进行商业活动、大学时追随导师格雷厄姆学习时养成的良好习惯,"如果没有良好的投资习惯,我是绝对不可能获得如此丰厚的回报的,甚至就算拥有了如此丰厚的财富,它最终也会离我远去。"

美国金融类作家马克·泰尔在他的著作《巴菲特和索罗斯的投资习惯》中,通过比较和研究巴菲特和索罗斯的"信仰、行为、态度和决策方法",发现这两位投资大师有着许多的共同之处,他据此将两个人的投资行为总结出了"23种两人均虔诚奉行的思考习惯和方法"。如果泰尔的观察是正确的,那这23种习惯无疑会成为投资者们的《圣经》,因为巴菲特和索罗斯两人堪称是投资世界的"上帝"。泰尔说,他们的共同之处"可能是至关重要的……甚至有可能是他们的成功秘诀……如果你把巴菲特和索罗斯的投资哲学结合在一起,你会得到一种对市场运作规律近乎完美的解释。当然,这并不是唯一的一种解释,忽视全世界最伟大的两位投资者的思想碰撞岂不是太愚蠢了?"

那么两位投资大师到底有什么共同之处呢?泰尔认为,两个人的投资行为都是由各自在漫长的生活中养成的"习惯"支配的,这个习惯就是他们的投资指南。每个人都有自己的生活习惯,在日常生活中我们也都在习惯性地运用我们的生活哲学,但却很少有人意识到自己的投资行为也应该是生活习惯的一部分或者延续。一个人在生活中是什么样的,到了投资市场上也会如此。像巴菲特这样的成功投资者就拥有将自己的生活习惯应用到投资领域,利用习惯赚钱的本事。而普通的投资者因为诸如不自信等多种原因,不能做到习惯成自然,无法在任何情况下都毫不犹豫地坚持自己的投资方式,因而很可能在投资的关键时刻自乱阵脚,将良好的习惯抛弃,诸如冷静的人变得焦虑、平和的人变得贪心……

　　我们知道,投资者对自己不自信是普遍存在的问题,很多投资者都曾经被"七种致命的投资信念"迷惑住——也就是对预测、权威、内部消息、分散化、冒险、工具或必然性的盲信。面对这样的情况,投资者所要做的不是膜拜专家、寻找秘诀或随波逐流,而是发展和完善出一整套属于自己的根本性投资方法和准则——也就是自己的"投资哲学",使之成为我们在投资领域的习惯。这样的哲学或许有借鉴自他人的内容,但从本质上来说,每个人的投资哲学都是不同的,都是与自己的经验、个性和投资目标相符的。市场风险是不可避免的,投资者的着眼点不应是客观风险,而应是自己的主观技能。简言之,"以我为主,让习惯引领我们去赚钱"才是投资市场中的真正秘诀。

第二节

从自己最拿手的投资工具着手

中国的投资者可能不太清楚，在美国的金融市场上，到底存在着多少投资工具，答案令人惊叹，常见的如股票、债券、储蓄、收藏品等，复杂的如次生债券、保险、房地产、期权、期货等等。这些单一的投资工具和它们的组合构成了一个庞大的投资体系，可供投资者使用的投资工具竟多达几百种。对于一个喜好投资的人来说，来到美国的金融市场就像进了一个大观园，让人目不暇接。但是在这纷繁复杂、让人眼花缭乱的众多投资工具中，作为"股神"的巴菲特到底选择了哪几种呢？答案是不超过5种。

巴菲特认为投资的方法越简单越熟悉越好，所以他只会选择自己最拿手的那几种来做。他用的最多的当然是股票，这也是他取得辉煌业绩的主要来源；其次是保险，保险是他早期资本原始积累的重要工具，在买入伯克希尔公司之后，巴菲特所进行的一大改制就是将公司主营业务从纺织变为了保险；第三是债券，这些债券的责任人主要包括美国政府和一些可以影响整个世界的大公司，巴菲特选择这些债券一方面是为了保护自己的资金安全，而更重要的一点则是为了给美国市场注入信心，为美国政府提供帮助，因为除了是世界首富之外，巴菲特还是一个善良的人道主义者和爱国者。除了这三种主要投资工具之外，伯克希尔公司也许曾经用过一些其他方式，但对于巴菲特本人而言，他所关注的领域是不会超过这三个的。

　　其实这种只从拿手的工具入手、"专门捡软柿子捏"的行为在巴菲特投资的早年就已经体现无疑了。上个世纪50年代美国的金融市场就已经非常繁荣了,早年的巴菲特对于投资工具有许多选择,但是他却只选择最简单、最能够获利的"有限合伙人"的做法。这种做法简单,是因为合伙人很少,不超过100人,这样就可以避免受到当时美国证监会有关共同基金管理规则的约束,而且可以自行制定收取任何手续费用,不像成立一个共同基金那样,在手续费上面要受到严格的限制。

　　聪明人在某些看法上都是有着惊人的相似之处的。1930年,英国经济学家、现代市场经济学之父凯恩斯就曾对当时的股票市场做过这样的形容:"股票市场投资,犹如报上的选美大赛,在报纸上刊登100张照片,由参赛者选出其中最美的6位,谁的选择最接近全体参赛者的平均爱好,谁就得奖。结果参赛者都不选自己认为最美的那6位,而是选别人认为最美的6位。"凯恩斯的意思是说,一般的投资者都有个错误的想法,他们总以为由投资银行那些"聪明"脑袋所设计出来、听起来很高深的商品,会是获取利润的保证;而到了投资银行那里,他们又认为"公众的眼睛是雪亮的",因此下大力气对公众的投资进行研究。结果双方都被对方的投资所影响,谁都不能保持一个正确的固定的套路,最终让彼此走上了互相仿效的道路。

　　其实,解决这种问题的方式非常简单,只要关注自己选中的股票就行了。在整个投资领域中也是如此,投资者看到市场上繁杂的投资组合,为一些妄自尊大、故弄玄虚的术语所误导,进而产生高深就意味着安全和收益的错误想法。

　　2008年美国爆发的次级房贷危机就是一个很好的例子。很多投资者看到收益高,就将资金投入到次级房贷市场或者有关于次级房贷的基金、债券、保险上面,结果这些复杂的财务金融投资工具不但没有让他们赚到钱,还使很多人瞬间破了产,甚至连花旗银行、美林银行这样的金融巨无霸都损失惨重，雷曼兄弟银行还因此倒闭了。

对于这样盲目的投资者，有些人就指出，现在的市场信息不是不足，而是太多。正因为如此，投资人在面对市场的变动时经常处于太恐慌与太兴奋的情绪中，而"过度解读"就容易犯"简单复杂化"的毛病。的确，许多投资人把投资这件事情弄得太过复杂，不断追涨杀跌，不断为自己的投资组合加料，到头来只是为券商贡献手续费，为所谓的理财专家做业绩，自己累得半死，资产却反向缩水。

著名投资人同时也是作家的科斯托兰尼在其金融著作《一个投机者的告白》中给了投资者一个有趣的建议：选择一种自己最熟悉的投资方式，把资金放在里面，然后到药店去买几片安眠药吃，睡上几年。这种方式看似无厘头，但却是很多著名的投资者所一直坚持的策略。

巴菲特就是坚持这一策略的楷模。有一次被一所著名大学的商学院邀请去做演讲，在回答听众关于他的投资之道的问题时，他只说了寥寥几个字：一直选择做拿手的事情。巴菲特的道理非常简单，因为拿手所以安全、不容易失误，这样才可能取得长期的持续的胜利。而投资恰恰是一个需要长期持续施行的过程。当然，要形成一件不断重复做的习惯，这件事一定要简单。唯有简单的操作步骤才容易学会，并且能够长期不断地做下去，最后成为一种习惯；相反的，太复杂的事情很难成为习惯。

在期货交易界有一位传奇性的人物名叫理查·丹尼斯。1983年，他突发奇想，想要弄清楚伟大的交易员是天生就具备这种特殊的素质，还是后天培养的，为此他做了一个实验。他招募了13个人，教给他们期货交易的基本概念，以及他自己的交易方法和原则。学员们被称为"海龟"，而后连他自己都没有想到的是，这一突发奇想居然成就了期货交易史上的一个著名案例——"海龟法则"。在短短的四年半中，这群"海龟"获取了年平均80%的投报率。

说这个案例著名，主要是因为丹尼斯所传授给这些学员的交易原则,大部分都不是新概念,有些甚至是在他出生前其他知名交易人就已经遵守奉行的基本原则。但这也正好证明了一点:用一套简单的系统和法则,可以使仅有很少或根本没有交易经验的人成为优秀的交易员。

而今,"海龟交易法则"已经不是什么了不起的秘密,正如丹尼斯所说:"几乎任何人都能够弄一张交易法则的列表,其中的80%与我们教授给我们的学员的一样。重点是熟悉,能坚持,连续地应用所学到的法则,这才是'海龟'们成功的秘诀。"

因此可以看到,投资理财如果想取得成功,要依靠的不是复杂的投资工具或某些基金。相反的,简单的工具与策略,加上信心与纪律,更能发挥出惊人的功效。也正因为如此,面对风云诡谲的投资环境,我们更应该摒弃外面嘈杂的声音,专注于自己的理财目标,找出最适合自己性格的简单投资工具。这样,就算是再怎么险恶的投资环境,也无法阻止我们的财富稳定成长。

第三节

投资要专注，不要"吃碗里，看碗外"

中国有句古话叫做"不要吃着碗里的，看着碗外的"，意思就是说，我们不要老是忽视已经拿到手的东西，而总想着那些没能拥有的东西，总是用一种羡慕、嫉妒的眼光愚蠢地认为别人的好过自己的。这种人大多具有一种不知足、不满足于现状的心理，总是好高骛远，最后只会迷失在不断追寻和放弃的道路上。

在投资领域中就常有"吃碗里看碗外"的情况，道理其实也是如此。很多投资者其实已经选择了不错的股票，但就是因为羡慕别人赚钱而频繁换手，以至于最后西瓜芝麻什么都没捡到。

几乎所有的投资者都有过这样的经历，或我们自己、或我们投资圈里面的朋友、或我们的理财经纪人总会发出这样的抱怨："为什么我看好的股票都不涨呢？""我明明做了详细的调查，投资后公司也赚了钱，为何股价却不见上涨呢？""我都做足了功课，技术线型研究了一遍又一遍，为何股价就是不涨呢？"如果是我们的朋友，那我们一般会投之以一个尴尬的微笑，然后岔开话题；但如果是自己，那我们就应该好好整理一下自己的头脑了。我们应该冷静地想想这个问题：如果开始的时候大盘疯狂下跌，所有的股票都在跳水，只有我们所投资的股票没有下跌甚至还有些小涨，那我们还会发出这种"为什么我的股票都不涨"的不平之鸣吗？如果别人投资的公司都没赚钱，而我们投资的企业不但全线飘红，甚至年终还发放几块钱的股利，我们还会"吃碗里看碗外"吗？

由此似乎可以得出一个结论,在投资市场上频繁出现的抱怨声,更多的是来自于自己和他人成绩的"比较"。试想,如果银行的利息是年利5%,而这时给你一个年利8%的收益,你肯定会非常高兴;但你若看到你的邻居有一个15%的年利,估计这时你就高兴不起来了,因为他比你高嘛!但你却没有想过自己本该得到的年利只有5%。很多投资者正是因为只看到了那个15%而忽视了5%,才走上了频繁换手、不断跟风的失败之路。

对于这种频繁换手、"这山望着那山高"的投资方式,巴菲特是非常不屑的。他认为投资者应该更加专注,如此浮躁地对待投资,最后是一定会遭受到市场的惩罚的。巴菲特曾经把自己的成功原因总结为几条,其中重要的一条就是"专注"。巴菲特讲:"我在购买股票的时候只会全神贯注地分析我已经选定的那几只,对于它们背后的公司作出详细的了解,最后确定一个合适的购入价格,然后静静地等在那里,至于市场上其他的股票,我就没有那么多的精力分给它们了。"

将有限的精力放到有用的地方,一直是巴菲特的信条。有位作家就曾写道:巴菲特除了关注商业活动外,几乎对其他一切如艺术、文学、科学、旅行、建筑等全都充耳不闻——因此他能够专心致志追寻自己的激情。在小时候,巴菲特就随身携带着自己最珍贵的财产——自动换币器;而10岁时,父亲提出带他旅行,他要求去纽约证券交易所;不久之后,巴菲特不经意间读到了一本名为《赚1000美元的1000招》的书,他对朋友说要在30岁时成为百万富翁。在1941年的世界大萧条中,一个孩子敢说出这样的话,真是胆大狂妄,但是对于投资的全神贯注让他在二十几岁的时候就提前完成了这一目标。

巴菲特这种对投资的专注态度主要是源于他的生活。他与比尔·盖茨是好朋友,对于这两位财富巨人的第一次见面,巴菲特事后曾经有过这样的描述:"至少在一点上,我和盖茨是非常相似的,那就是如果遇到自己并不热衷的话题,我们会尽量选择结束。当然,人们对于盖茨不善隐藏自己的耐心早有耳闻,而我呢,虽然在遇到感觉无聊的话题时不会提前走开或者转身去找本书看，但是我依然有自己的方法，将自己从不感兴趣的话题中解脱出来。为什么要如此呢？因为我认为人的时间非常宝贵，无论做什么都应该专心一点，如果所面对的事情实在无法引起我的兴趣，那倒不如提前结束它，把时间用到该用的地方去。"

但和盖茨的交流让巴菲特的心里擦出了火花，他找到了他感兴趣的东西："我和盖茨边走边谈，从花园来到了海滩，人们也竞相尾随。我们根本没有注意到这些人的存在，也没有发觉周围还有很多举足轻重的人。最后还是盖茨的父亲看不过去了，他非常绅士地对我们说，他希望我们能够融入大家，不要总是两个人说话。

"在晚饭的时候，盖茨的父亲问了大家一个问题，人的一生中最重要的是什么？我的回答是'专注'，而幸运的是比尔的答案和我一样！"

当巴菲特说出"专注"这个词的时候，不知道有多少人体会出了这个词的分量，专注不但是做事成功的关键，也是健康心灵的一个特质。一直以来，巴菲特就是在运用专注的力量来指导自己清晰判断出公司的真正价值，冷静分析出买入的适当时机。可以说，专注是巴菲特走上成功之路的司南。

专注这一特质看似简单，实际上是非常难模仿的，尤其是在关于真金白银的投资市场上，要想将资金专注在几只股票上面，就必须有泰山崩于前而岿然不动的勇敢和抵御住无穷诱惑的定力。而一旦有了这种专注的精神，我们在作决策的时候将无往不利。

"人心苦不足，既得陇，复望蜀。"要股利又要股价活蹦乱涨的投资人，在市场上到处都是。他们东一榔头西一棒槌，对哪只股票都不肯花大力气，而对于买入的好股票又嫌这个嫌那个，频繁换手，最终是碗外的没吃着，碗里的也给洒了出去。因此，投资一定要循序渐进、稳扎稳打，不能看到别人赚钱就放弃自己既定的目标与方向，先守好自己已经到手的，然后才可以提什么进取，这才是真正的"得陇望蜀"之道。只要做一个理智、安分守己、恪守原则的投资人，时间久了，你的投资帝国自然就建立起来了。

第四节

重要的不是钱，而是做自己喜欢的事情

我们常说兴趣是成功的第一源泉，没有兴趣的劳动只能称之为工作或者谋生，是人迫不得已为了生存才进行的活动，并不是心甘情愿的。因此在这样的劳动中，最后获得成功的人简直可以用"凤毛麟角"来形容。但是一旦我们在劳动中增加了兴趣，那就是另一番景象了。兴趣会冲淡我们在劳动时的疲劳，为我们带来源源不断的动力，促使我们走向最后的成功。因此可以说，只要是做自己喜欢的事情，成功早晚会到来。

投资也是如此。那些在市场上整天愁眉苦脸，面对这大盘或者报表一脸菜色的人，有几个是对投资感兴趣的？他们不过是奔着投资市场上诱人的利润和一夜暴富的妄想过来的，因此他们的投资前景也就可以预见了。

巴菲特则不然，他是一个从小就对投资极其痴迷的人，在其他的小朋友忙着看动画片、玩橄榄球的时候，巴菲特却将自己的注意力全部集中在了投资上。在巴菲特的投资生涯中，可以清晰地看到一点，那就是长久以来，他对投资的热爱都是发自内心、没有半点勉强的。而正是这种对自己喜欢的事情的执著，使他养成了一个良好的习惯，最终取得了令人瞩目的辉煌成就。

在巴菲特靠投资开始成名后，他的父母曾坦言，他们完全不知道巴菲特是从什么时候开始莫名其妙地做起了"买卖"。他们隐约记得那似乎是在小巴菲特6岁的时候，那一年，他们全家一起到奥克波基湖去度假，

当时租住的旅馆在一条很热闹的小街上。有一天，家人突然发现，小巴菲特身边多了个大大的挂包，原来里面装着几瓶可乐。这几瓶可乐有的是他爸爸买给他的，有的是当地游客送的。但是，小巴菲特却并没有把它们喝掉，而是积攒了起来。在中午阳光最炙热的时候，他就背上这个大大的挂包，到沙滩上向其他小朋友兜售，没过多久，他就把所有的可乐都卖光了。回到旅馆后，巴菲特告诉妈妈，有两瓶可乐还是他在商店里买的，商店里卖20美分，他在沙滩上卖25美分。因为他提供的服务便利直接，选择的地方好，消费的孩子更需要，所以卖得非常快，如果能够有更多的本钱的话，他一定会赚更多的钱。

对于孩子如此"怪异"的行为，巴菲特的父母都非常诧异，但他们同时又非常理智，非但没有出言制止，反而鼓励他按照自己的想法去做。巴菲特的父亲甚至当面称赞儿子道："所有的孩子都是贪嘴的，没想到咱们巴菲特家竟然出了个贪钱的小鬼。"但他们也并未放任不管，而是给巴菲特讲述了一些交易中所要注意的事，教育巴菲特进行"商业"活动一定要保证公平、诚实。事后也证明了这对夫妻的远见，在巴菲特漫长的投资生涯中，诚实、公平一直是他的人生信条。

从奥可波基湖回来，在父母的鼓励下，巴菲特的"商业"行为开始愈演愈烈。巴菲特的姐姐陶丽丝一直都在关注着这个与众不同的弟弟，她发现，弟弟这种"怪异"的行为自从他开始懂事之后就几乎没有停止过。他常常利用自己的零花钱，不停地进行"投资"，他总是喜欢去那些打折的商店里寻找低价的零食，将它们全部买下来，然后再分批零售给其他的小朋友，以赚取中间的差价。

有一次，姑姑送了巴菲特一个钱包当作圣诞礼物，这让他兴奋不已，随时都把钱包带在身上。父亲看巴菲特如此喜爱这个钱包，便想给他几个硬币好将钱包"喂饱"，却遭到了巴菲特的反对，他向父亲郑重其事地表示他自己有办法让钱包变得鼓起来。

　　果不其然,没过多久,巴菲特就把母亲的一盒糖果拿到家门口,摆了一个像模像样的"小摊子",在那里向来往的路人兜售。母亲知道后,质问他说:"你怎么可以不经过我的同意就把我的糖果拿出来卖呢?"巴菲特回答母亲道:"我是暂时借用你的糖果啊,我会很快买上一盒新的糖果给你的,甚至把挣的钱全部给你也行。"可以看到,这时的巴菲特对于投资赚钱似乎已经达到了一种近乎痴迷的状态,但他在乎的并不是赚到的钱,而是享受赚钱过程中的乐趣。

　　上小学之后,巴菲特对于投资赚钱的热爱又上升到了另一个高度。每当父母带他到亲友家做客时,在吃过饭后,他都会在书架上寻找有关股票投资的书籍来看。我们有理由相信巴菲特对于投资理论的兴趣就是从这一次次茶余饭后的翻阅中开始的。

　　而对于赚钱的实践巴菲特也没有落下。为了赚取更多的钱,他经常到高尔夫球场去捡那些别人打丢了的球,然后让邻居的小朋友们帮忙拿出去卖,给他们提成。有时他还会跑到赛马场去拾捡那些别人无意中扔掉的奖券,到街上收集被遗弃的酒瓶盖,然后到废品站去出售。总之,那时候的巴菲特就对赚钱无限钟情了。

　　在他对自己的兴趣执著追求时,改变他命运的机会也悄悄到来了。10岁的时候,一个偶然的机会,巴菲特在父亲的单位看到了现代的股票交易,见到了股票交易市场里激烈的场面——熙熙攘攘的人们手里高举的报价单,各种各样的数据,还有各种不同的尖叫声……这些都让巴菲特幼小的心灵产生了剧烈的震荡。从此他找到了实现梦想的舞台,近乎狂热地爱上了股票。

　　在巴菲特11岁的时候,他开始了真正意义上的投资。利用在附近的哈里斯证券交易所帮助做股票浮动标记的工作,巴菲特开始了对股票的早期研究。在他觉得差不多的时候,他拿出了全部积蓄,并鼓动姐姐与他一起购买了三只城市设施股票,当时每股的价格是38美元。令他意想不到的是,这只股票在他购买后不久就下跌到了9美元,这让巴菲特陷入了很大的困惑中。但他并未因此沮丧,反而更加激发了他研究股票的热情。

1950年,20岁的巴菲特被哈佛大学拒绝,灰心之余他选择了哥伦比亚大学商学院。没想到这一无奈的选择反而成就了投资历史上的一段佳话,因为他在哥伦比亚大学遇到了影响他一生的导师本杰明·格雷厄姆。在格雷厄姆的门下,巴菲特如鱼得水,兴趣得到了完全的发挥,每天至少12个小时扑在对投资和市场的研究上,最后终于取得了青出于蓝而胜于蓝的成绩。

纵观巴菲特的投资生涯,我们会发现,他的精力大都花在了对事物的潜心研究上。巴菲特的阅读量大得惊人,在报纸方面,他常年订阅的报纸就包括《华尔街日报》、《价值线》、《穆迪氏指数》等十几种之多;而在商业杂志方面,他也是《财富》、《福布斯》、《商业周刊》、《幸福》等传统杂志的忠实拥趸;而他所投资的行业的相关刊物只要是能找到的,他也会花去大量的时间阅读,当然阅读他持股企业的财务报表也是他最喜爱的"消遣"方式之一;在书籍方面,他的阅读面就更广了,他把罗素视为精神导师,罗素的全套著作他都买齐了,经典经济学家凯恩斯的作品也是他喜爱的阅读对象。对经济类文字的阅读是出于对投资的兴趣,而大量的阅读更是促使巴菲特对投资、对生活都形成了别人难以模仿的风格。

巴菲特的孩子彼得是位音乐家,他之所以抛弃"家传"的投资基因而选择音乐,也是由于父亲的鼓励。他曾经说过,自己的父亲从来都有着他自己的习惯,认真倾听,不做评论,也不直接提建议。有一天,他对我说:"彼得,你知道吗,你和我其实在做一件事情,音乐是你的画布,伯克希尔·哈撒韦公司是我的画布,我每天都在上面画上几笔。"

巴菲特当时还未成为"股神",但他对工作认真钻研的态度,让儿子感同身受。彼得将父亲钻研金融的情景比喻为僧侣研究经文,"他是那样精力旺盛,那样纯粹。有点夸张地说,当父亲工作时,他进入了另一个世界,简直入迷了。在我看来,金钱对于父亲来说其实已经降格为副产品了,它已经成为父亲的身外之物了。对他而言真正重要的是工作的实质,因为他拥有无尽的好奇,他喜欢用事实检验他的预测,并享受探寻的乐趣。"

巴菲特的经历让我们领悟到,只有喜欢一件事情,才能有创造性地把它做好,其中的主动性、超思维的开拓性会不知不觉地发挥出来;而对于自己不喜爱的东西,很难做到更深入地探求和思考,也就得不到理想的收获。将爱好与事业有机地结合,能够超常地跨越到人生的新高度,开创出一个新的世界。

第八课

耐 心

——赚钱不是明天或者下个星期的问题

第一节

选股重要，持股更重要

——少于四年的投资都是傻子的投资

某财经刊物上曾经有过这样一条新闻：陕西省某城市的小孙多年来一直在关注着股市，但因为手头没有本钱所以一直模拟炒股。直到2007年，看着股市全线飘红，身边的人整天讨论的就是谁谁谁的股票又拉了几个涨停，谁谁谁又赚了多少钱。小孙终于按捺不住心中的激动，从亲戚、朋友那儿"私募"了10万元，真枪实弹地"上阵"了。

因为钱是借来的，所以小孙在出手的时候非常谨慎，很长时间都是在研究观望。终于在2007年上旬，某只钢铁版块的股票进入了他的视线。他在经过仔细研究之后，认定这是一家被低估了的优绩股，再加上市场当时流传说该公司在国外拿到了一个数额庞大的订单，会大大提高公司的经营业绩，于是小孙一咬牙，将所有的钱全部拿了出来。

但令他意想不到的是，证监部门发出通告，质疑该公司信息造假，社会上也不断有一些相关的分析报道，于是该公司的股价开始持续下跌。当时小孙也曾想过该股票可能会下跌，因此一开始也选择继续持有观望。但眼瞅着两个月过去了，该股还是一点上升的意思都没有，渐渐地，小孙坐不住了，终于在股价跌到12元的时候将其卖出，这一笔就亏了4万。

更令他难以接受的是，在他割肉解套后不到一个月，证监会又下发了通知，证明了该公司消息的准确性。一时间股价就像是坐上了火箭，接连涨停，一个半月就拉升到三十几元，小孙真是追悔莫及啊！

巴菲特曾经用一个十分生动的例子来说明短线投资与长线投资的区别,他说:"我们选择一只股票就如同选择一个女朋友。在我们不断与她约会的时候,会慢慢感受到她的与众不同,而如果在还没有深入地了解她之前,就断然地认为她不适合而抛弃她,去另找新欢,这显然是非常不恰当的,而最终的结果也只能是你永远单身。因此无论如何,专情都是好过于滥情的。"

在投资领域也是如此,那种耐不住性子,以为做短期投资收益比较大,并且相对安全的人是愚蠢的。这种投资者将自己的主要精力放在了对市场的预判而不是对个股的研究上,而我们知道,个人对市场的预测很难做到非常准确,一旦出现预测偏差,利益受损便在所难免。反观巴菲特在投资市场上的行为,尤其是在股票的具体选择上,他完全摒弃那种见异思迁的做法,他选股时非常谨慎,持有则非常大胆。

对此,巴菲特曾经十分幽默地对媒体形容道:"我体会到的是一个专情的人会比一个多情的人更幸福。"熟悉巴菲特的人都知道,他持有一只股票在十年以上的情况是很常见的。根据他的传记《滚雪球》中记述,保持对一只股票的长期持有,一直是巴菲特进行投资的基本理念。"他寻找的是优秀企业的股票,而且,总是能够在这些公司的股票处于最低价的时候出手去购买,获得最大的利润。"我们通过一些他持有股票的年限就可以认识到这一点:美国运通公司他持股14年、美国加州花旗银行他持股15年、吉列公司他直到现在都还在持有、麦当劳他持股18年、可口可乐他持股20年、《华盛顿邮报》他持股35年,并且他说过有生之年绝不会出手这两只股票。由此我们看到,精心选股、长久持有可以说是巴菲特投资制胜的法宝。

当然,长期持股对于普通的投资者来说,并不是一件容易的事。因为我们进入投资市场本身就是为了追逐利润,要我们长期持有就是要我们在股票下跌时抑制住心中的恐惧,在股票上涨时克制住卖掉的冲动,这是非常难的一件事。但也正因为大部分投资者的虎头蛇尾，才为理性投资者创造了成功的机会。

我们知道在2005年到2007年这3年时间里，中国内地地区经历了一场罕见的大牛市，大盘迅速从1000多点攀升至6000点，对于股民来说可谓是"天天像过年"。但在这大牛市里，有多少人最终真的发了财呢？寥寥无几。很多人一开始确实选对了股票，赚到了点钱，但在不该买入的时候买入，在不该卖出的时候卖出，很快就使他们的成绩化为乌有，剩下的就只有亏损。其实在股市上，人们往往过分强调选股，却忘了要想最终取得好的盈利，持股同样重要，甚至更重要。

人们总是抱怨没有选股的本事，但实际上，选择股票并不难。据统计，在过去10年多期间，在中国股市目前剩余的1500家上市公司中，共有230家公司的股票涨幅超过10倍，也就是说，平均每6.5只股票里就有1只涨幅超过10倍；若将时间缩减至5年，中国股市目前近1500家上市公司中，共有78只股票涨幅超过10倍，比率为19比1；而在过去3年多期间，中国股市近1500家上市公司中，共有90只股票涨幅超过10倍，比率为17比1。

再将过去10年上涨10倍甚至百倍的股票名单整理一下就会发现，很多其实都是我们日常生活中非常熟悉的，比如贵州茅台集团、万科集团、青岛海尔集团、张裕、五粮液、格力，等等。由此可见，选中一只10倍股几乎可以说是非常容易的事，它的成功概率几乎比选择一个好的终生伴侣的概率都要大。但是，为什么大多数投资者非但没有赚到高的利润，反而出现一而再再而三的亏损呢？这就是由于他们不能"从一而终"，总是见异思迁。选股并不难，难的是持股，因此，要赚到大钱，不但要选对股票，还要拿得住才行。

巴菲特曾说过："用屁股赚钱比用脑袋赚得更多。"他的意思就是说，很多投资者绞尽脑汁地分析股票，却在买入不久之后就将其卖出，不能把屁股稳稳地坐在选到的大牛股的牛背上，他们不停地从一个牛背跳上另一个牛背,结果骑了很多牛,却没能跑多远。回头一看才发现,哪怕当初稳稳地骑在任何一只牛身上,都会跑得比现在远得多。

巴菲特从来不像普通投资者那样被股票所折磨,他不会在股票的猛烈增长和急剧下降中坐立不安、惊慌失措。这是因为他的投资几乎都不是短线操作,而对付这种短期的波动,时间是最好的武器。因而对于基本上都是坚持长期投资的他来说,市场上偶然出现的牛市和熊市根本就与他无关。

巴菲特明白,即使是华尔街上的那些投资专家,也曾经因为对短线的预判失误而造成严重的损失,比如鼎鼎大名的索罗斯和巴鲁克。那么对于一个根本就不明白短期分析或者一知半解的门外汉来说,还不如将更多的精力放在时间上面。巴菲特说过:"我理解那些有一夜暴富思想的人,但是你们要知道,这个成功与失败的概率很可能是很多人承受不住的。因此我建议投资者把更多的目光放在盈亏的质量上,这样可以避免一些风险和失误,同时也有时间和精力在市场中充分学习和研究。"

学习巴菲特,在股票上实现长期巨大的收益,就一定要拿得住。记住,股票投资绝不是闪电战,而是持久战,最后的胜利在于坚持,坚持,坚持。只是选对一只股票是不够的, 要得到巨大的回报还需要长期持有。想得到的回报越大,需要持股的时间也越长,可能是几年,十几年,甚至几十年。对于幸福婚姻而言,选妻重要,伴妻同样重要;对于成功投资而言,选股重要,持股同样重要。巴菲特长期持有的七只股票仅投资了42亿美元,到2004年年底却为他赚取了270亿美元,平均投资收益率高达638%以上。

第二节

频繁交易导致巨额财富损失

我们知道做事情最忌讳的就是三天打鱼两天晒网、一会儿对这个感兴趣一会儿对那个感兴趣,什么都是浅尝辄止,结果只能是什么都做不成。其实在投资领域也是如此,如果投资者对买入的每一只股票都短暂持有、频繁交易,那么带来巨额收益的几率是要远远小于造成巨额亏损的。

在伯克希尔公司1983年的年报中,巴菲特曾详细地讨论了股票频繁交易带来的巨额交易成本以及股东财富的惊人损失。他说:"股票市场的讽刺之一是强调交易的活跃性。使用'交易性'和'流动性'这种名词的经纪人对那些成交量很大的公司赞不绝口——投资者要警惕的是,这些不能填满你口袋的经纪人却很有信心能够填满你的耳朵。但是,投资者必须明白,对在赌桌旁负责兑付筹码的人而言的好事,对客户来说未必是好事。一个过度活跃的股票市场其实是企业的窃贼。"

对于上述的观点,巴菲特给出了一个详细的例子:"如果我们投资的是一家净资产收益率为12%的优质公司,然后假定,我们买卖股票的换手率每年高达100%,每次买入和卖出的手续费为1%,但我们知道,对于低价位公司或者小额购入来说,要缴纳的手续费比这还要高得多。那么,我们所假设的这家公司的股东们总体上要支付公司当年资产净值的2%,作为股票交易的成本。这种股票交易活动对企业的盈利毫无意义,而对股东来说则意味着公司盈利的六分之一已经通过交易的'摩擦'成本被消耗掉了。"

在巴菲特看来，所有这些交易简直就是一个为了一场代价相当昂贵的音乐会反复争抢椅子的游戏，在争抢的过程中，人们已经把音乐会最精彩的部分错过了。如果一家政府机构突然宣布，从明年开始，他们要对公司或者投资者的盈利征收20%的新增税收，那么我们可以想象，这会导致公司和投资者多么痛苦并且疯狂的反应。然而换个角度讲，如果一个投资者总是进行市场过度活跃的交易行为，那不就是在变相缴纳一种重税吗？

与大规模的机构投资者不同，普通的投资者因为交易额度较小，更容易受到交易频率的影响，最终导致小钱变成大亏。因此买入卖出的次数越多，交易支出就越多，进而造成的损失也就越大。

有家金融机构就曾经报道，该机构对将近一万名投资者的调查显示：交易次数最少的投资者每年损失为3.72%，而交易最频繁的投资者每年将会损失5.34%。孰优孰劣一目了然。

巴菲特曾经详细地分析过投资者的失败，并归纳出了较普遍的几个原因，其中一个就是频繁交易。在股市里，由于急功近利心态的驱使，频繁交易是广泛存在的。频繁地买入卖出，源自于投资者的过度自信，他们不太能理性地看待自己的交易能力，面对市场中形形色色、众说纷纭的各种信息，许多时候他们选择了没有价值的信息进行操作，结果不仅未能取得收益，还要赔上高昂的交易成本，投资失利也就不奇怪了。

有些投资者听说股票可以帮助人一夜暴富，于是抱着全部身家进入股市，但进去后才发现，股票确实可能带来收益，但是并没有想象中的那么快。于是，为了能够"尽快致富"，他们转而选择另一种方法，在短时间内加快交易的速度，以频繁的交易来博取收益最大化。但这样疯狂了一阵之后却发现，手里的股票越来越多，但账户里的资金却越来越少，有时竟发现个人账户已经接近枯竭，而手中就剩下几只垃圾股票了。这就是频繁交易、妄想一夜暴富的后果。

频繁交易导致亏损的原因有很多，除了频繁交易增加交易成本之外，主要还有：首先，股票的短期走势有非常大的不确定性，投资者很难准确判断出其确切的走向；其次，频繁交易会使投资者产生急功近利的思想，从而带来很大的负面压力，这样会让本来熟稔于分析的投资者也产生判断和操作上的失误；第三，频繁交易必然使投资者所要关注的股票大量增多，从而更加增添了操作的难度。

在现代的股票市场中，很多投资者都到了受所谓的股票技术类图书的毒害，数以百万、甚至千万的股民以"频繁换股、频繁交易"为主要投资方式，这也就造成了普通股民赔钱多、赚钱少的局面。股市分析有技术可依吗？有！但这些技术并非简简单单一本什么K线图分析这样的书就能解决的，这些技术需要像学生一样刻苦地学习和股市中经历磨练才能拥有，越是难就越是证明了有用，不是吗？所以永远不要相信靠"频繁换股、频繁交易"能够取得巨大成功。要知道一旦行情不好，越是频繁换股、频繁交易的人，亏损越多，最后不能自拔。

频繁交易必然导致的另一个结果就是止损次数增加。一个人不会有那么好的运气买什么股票什么股票就涨，从概率的角度看，数次交易中总会夹杂着失败的交易，而一旦碰到了失败的交易，止损则成为投资者控制风险、减小损失的必然手段。但是多次的止损金额累加同样会造成巨大亏损，这也就是为何频繁的交易者认为自己的股票有升有降，但最后的成绩却总是亏损的原因。

投资者尤其是在股市中占大多数的中小投资者要尽量避免频繁交易，处理好买卖、持股和观望的关系。具体要做到：首先，在一个跌幅比较大的弱势低迷市场里要敢于持股。股市总是在低迷和暴涨中徘徊，无论有多么低迷，最终还是会迎来一个灿烂的春天，因此在一个低迷的市场里持股等待才是最佳的选择；其次，在强势上升的市场里要少操作或避免操作。盈利的关键是对大势的判断,买卖点和买入时机的选择。最好不要有那种积少成多的想法,在股市里不是有句话叫做"三年不开张,开张吃三年"吗?这种等待一只股票出现大的增长的做法,要比频繁交易更实际、更快捷、更安全。

综上所述,投资者想要在股市中赚到钱,就要多动脑筋,尽量用理性去克制自己的冲动。实践证明,在股市里从中长线的角度出发,波段操作才是最快捷、最安全的做法,因为股市或股票中长线走势的规律性要远大于短期走势;从操作的角度看,中长线操作要比短线操作简单得多,成功率也高得多,一次精彩的中长线的操作可能要强于多次成功的短线操作,而多次成功的短线操作也可能在一次失败的操作中化为乌有。多购买适于长期持有的增长型股票,在它的价格到了一个可以接受的范围时再把握时机果断出手,这才是更佳的投资方案。

巴菲特说过:"股市就是一个再交换中心,资金从频繁炒作者之手流向有耐心之人的手中!"有时,某只令我们心动的股票上涨或者我们持有的某只股票下跌都是上天对我们的考验,面对这样的考验,我们最好的选择就是以不变应万变,安安稳稳地照自己既定的方针行动,最后上天一定不会辜负我们的耐性。

第三节

长线投资获利的秘诀——复利

在自传《滚雪球》当中,巴菲特曾对复利有过如此的形容:复利有点像从山上滚雪球,最开始时雪球很小,但当往下滚的时间足够长,而且雪球黏得适当紧时,雪球会很大很大。

对于复利这个被爱因斯坦誉为"最伟大的奇迹"的东西,美国的开国者之一富兰克林曾说过:"复利这块神奇的石头能够把铅变成金子……记住,金钱是会增值的,钱能生钱,钱能生更多的钱。"摩根集团的创始者乔治·摩根也曾用这样一个生动的例子来描述复利的伟大力量:"如果你新设一家公司,只发行100股,每股10美元,那么公司的净资产就有1000美元。而一年以后,假设公司的利润是200美元,那么你这家公司的净资产收益率就是20%。然后,你将这些利润再投入到公司的经营当中去,这时第一年年底公司的净资产就为1200美元;第二年公司的净资产收益率仍为20%,这样到第二年年底,公司的净资产就变成了1420美元。如此运作79年,1000美元的原始投资最终将变成1.8亿美元的净资产。"而摩根集团正是凭借时间和复利,才成为了今天这个金融业的巨无霸。

而作为金融和经济的衍生体——投资,其在市场内复利的作用也是不容小视,甚至是具有决定性的。我们想要了解"股神"巴菲特,就应该先从复利的累进概念开始。复利就是我们经常提到的"利滚利",它是一种计算利息的会计方法,按照这种方法,利息除了会根据本金生成外,新得到的利息同样可以生息。这个观念其实很容易理解,但正是因为它看似简单,在投资理论中的重要性才经常被投资者忽视。而作为最睿智的投资者,巴菲特却非常看重复利,他甚至认为,复利累进理论在投资领域内是至高无上的。

1962年,在伯克希尔公司的年报中,巴菲特曾推算,如果西班牙女王不支持哥伦布航海而将这3万美元以复利进行投资的话,其收益将高达2万亿美元。巴菲特说:"根据不完全资料,我估算伊莎贝拉最初给哥伦布的财政资助大约为3万美元,这是确保探险成功所需资金的合理的最低数量。不考虑发现新大陆所带来的精神上的成就感,需要指出的是,整个事件所带来的后果并不是另一个IBM。粗略估计,最初投资的3万美元以每年4%的复利计算,到现在(1962年),它们的价值将达到令人震惊的2万亿美元。"

复利为何能有如此巨大的力量呢?这得益于它的两个组成部分:时间的长短和回报率的高低。这两个组成部分的不同会使复利带来的终值收益也有着天壤之别:复利终值的计算公式为$F=(1+I)^n$。在公式中,F代表终值收益,I代表回报率,n代表时间。由此我们看到,时间的长短是复利公式的乘数,它将对最终的价值数量产生巨大的影响,时间越长,复利产生的终值收益也就越多;回报率是复利公式的基数,它对最终的价值数量有着巨大的杠杆作用,回报率的微小差异将使长期价值产生巨大的差异。我们以5%的年回报率计算,最初的1万美元经过20年后将增值为2.65万美元,而如果我们将回报率调高到10%,那么最初的1万美元经过同样的20年后就将产生出6.73万美元的收益。5%的微小回报率差异,却产生了接近3倍的终值差异。

因此,想要投资成功,无论是对于时间还是收益率都要严格掌握好,在这方面,巴菲特是最有发言权的。在投资市场上,没有任何因素比时间更具有影响力,随着时间的延续,复利将发挥巨大的作用,为投资者实现巨额的税后收益。

我们知道,巴菲特的每项投资所要寻求的就是最大的年复利税后回报率,在巴菲特看来,借助复利的累计才是获得财富的真正秘诀。如何创造高回报率呢?就是要将眼光放在那些长期稳定并且盈利能力强的企业上面。巴菲特总结自己所要做的事,就是寻找那些可能在最长的时间获得年复利回报率最高的公司。在伯克希尔·哈撒韦的41年间,巴菲特一直秉持这一理念,美国运通、《华盛顿邮报》、可口可乐公司、吉列公司无一不是此类企业。正因为如此,他才能够以23.8%的平均年复利回报率来增加他公司的净值,缔造投资史上的奇迹。

巴菲特从不选择那些平庸的企业去投资,因为他不相信这些企业有强大的持久的盈利能力。他曾对10%与20%的复利收益率造成的巨大收益差别进行了分析:"1000美元的投资, 收益率为10%,45年后将增值到72800美元;而同样的1000美元,在收益率为20%时,经过同样的45年将增值到3675252美元。上述两个数字的差别让我感到非常惊奇,这么巨大的差别,足以激起任何一个人的好奇心。"我们要注意的是,从1956年巴菲特正式将投资写入伯克希尔公司的主营业务直到今天,50多年来, 伯克希尔公司的复利净资产收益率为22.8%。也就是说,巴菲特把每1万美元都增值到了2593.85万美元。如果巴菲特只求暂时博高或者紧盯大盘呢?那么同期的收益只会有区区的60多万。

寻找到具有长期持续竞争优势的卓越企业,之后投资者所要做的就只是长期持有,耐心等待股价随着公司的成长而上涨。这类企业具有超额价值创造能力,其内在价值将持续稳定地增加,相应地,其股价也将逐步上升。然后随着时间的流逝,最终复利的力量将会为投资者带来巨大的财富。

查理·芒格曾经感叹道:"如果既能理解复利的威力, 又能理解获得复利的艰难,那就等于抓住了理解许多事情的精髓。"巴菲特的长期投资经验告诉我们,长期持有具有持续竞争优势企业的股票,将给价值投资者带来巨大的财富。其关键在于投资者未兑现的企业股票收益,通过复利产生了巨大的长期增值。这句话看似简单,但要真做起来其实并不容易。好在通过巴菲特的故事我们总结出了一套追求高复利、高回报的做法：

首先，要尽早投资。巴菲特购入《华盛顿邮报》的时候，越战还没有结束；而当他投资可口可乐的时候，苏联还没有解体：这两只股票为他创造了全部收益中的20%以上。由此我们看到，时间越长，复利累进效应就越大。要利用这种效应，就应该尽早投资，而且越早越好。很多人都认为，投资是有钱人才能进行的"游戏"，其实不然，很多的投资者就是从每月工资的剩余部分开始投资的。2009年不是有媒体曾经报道过某单位的普通职工十年来总是将工资的1/10放入股市中，结果十年时间成为了百万富翁吗？我们应该向这位聪明的投资者学习，从工资的余额开始，制订投资理财计划。

其次，要保持持续稳定的收益率。复利累进原理告诉我们，保持一个稳定的常年收益率，假以时日，就能够投资致富。那么多少收益率才是合适的呢？"股神"的收益率为22.4%，这个世界上没有多少人比巴菲特还厉害，因此将自己的目标设定为10%至20%之间是比较理想实际的。而且就我国股市的发展状况来说，只要投资者能够抑制住心中的贪念，再经过详细的分析和谨慎的决定，这个目标还是能够实现的。

第三，尽量不要出现大额亏损。我们佩服巴菲特的神奇之处有两点：一是他积累的巨大财富，二是他几乎从不失败的投资战绩。其实看了上面对复利的讲解之后，投资者都应该明白这二者其实是互相关联的，可以说正是从不失败的战绩成就了巴菲特如今的巨大财富。查阅伯克希尔公司的年报就会知道，巴菲特的投资几乎从没有过连续亏损的状况。复利的收益只有连续计算才有神奇的效应，在此期间，如果有一两年收益平平还不要紧，但如果出现连续严重的亏损，那就很容易打乱复利累进的节奏。这样不但会使我们前功尽弃，而且很可能将以前赚到的再赔进去，让多年的累积瞬间化为乌有。因此我们要想利用复利理论获得收益，就一定要谨慎地面对投资，该脱身的时候不要太执著。

第四节

长期投资能有效地降低交易成本

著名的投资分析家、作家、格林威治协会合伙人查尔斯·埃里斯曾经发表过一篇文章,在文章中他向人们提到了股市中的一个经常被人忽视的规律:交易次数越频繁,投资收益越少。他在文章中说:"资金周转率超过200%的投资者,除非其每笔交易都高出市场平均收益率几个百分点以上,否则他不可能达到股市平均收益水平。"

无独有偶,在1998年,加州大学的投资学教授布雷德·鲍伯和特伦斯·奥丁也进行了一项类似的研究,他们的研究更加充分和科学,研究结果也进一步证实了频繁交易将导致投资收益率水平降低这一规律。他们对1990年到1996年这6年间7.8万个家庭的股票交易记录进行了调查,发现这些家庭平均的年收益率竟然高达17.7%,高于市场上17.1%的平均收益水平。然而他们拿到手上的收益却并非这个数,因为这个收益率还需要扣除佣金。在刨除交易佣金之后,他们的净投资收益率就下降到了15.6%,比市场平均水平低1.5%。

两位教授进一步对每个家庭在不同投资组合周转率下的净收益率进行了比较,发现随着家庭投资交易次数的增加,他们的收益率将会进一步降低。在这7.8万个家庭里面,交易最频繁的20%的年净收益只有10.0%,而在那些交易次数最少的20%家庭中,他们的平均年收益率则高达18.5%。由此可以预见,经过10年、20年甚至更长的时间,这种微小的收益率差异将会给投资者的收益终值造成巨大的差别。

　　上述三位杰出的投资人都是巴菲特非常推崇的,在关于交易的次数方面,巴菲特就非常赞同他们的意见,他觉得经常交易对投资者没有任何好处,那只不过是帮助证券商赚钱而已。他曾幽默地调侃道:"如果有个人认为自己可以通过经常进出股市而致富的话,我是绝不愿意和他合伙做生意的,但如果他邀请我成为他的股票经纪人,那我则会毫不犹豫地答应。"

　　在2005年度伯克希尔公司的年报中,巴菲特曾以一个非常容易理解的故事对他的这一看法进行了阐述。他说:"我们可以假设这样一种场景,美国所有的上市公司全都被某一个家庭所拥有。这个家庭不会出售任何一家公司,只会通过公司分红获得投资收益,那么这个家庭将会因为这些公司所获得的利润越来越多而变得越来越富有。仅就我们现在的状况而言,美国所有上市公司的年利润总和大约为7000亿美元,这也就是说,这个家庭每年都有差不多7000亿美元的收入,而且这一数字还在不断增加。这个家庭每年的积蓄也会以稳定复利不断增长,并且,在这个大家庭里,所有成员的财富都会以同样的速度增长,一切都显得协调有序。

　　"然而有一天,来了一群伶牙俐齿的'热心人',他们用尽一切手段劝说这个家庭中的成员们卖掉某只股票,然后买进另一只股票,以此来获得比其他家庭成员更好的投资回报。当然,这些人的行为并不是出于热心和善意,他们想要通过这些家庭成员买卖股票的行为收取相应的手续费,从而让自己发财。家庭成员被迷惑住了,于是市场上开始出现了交易,并且随着时间的推移交易的次数越来越多,'热心人'从中收取的佣金也越来越多,但这时家庭成员们却没有发现,他们从企业总收益中分到的份额开始越来越少了。

　　"当然,这些家庭成员也不是蠢货,时间久了他们就会发现自己不过是在玩一种'左手倒右手'的游戏,而且在游戏的过程中,他们的金币在不停地丢失,因此他们开始不再相信这些'热心人',于是市场上又来了另一批'热心人'。这第二批'热心人'对他们说,你们靠自己的力量是无法战胜其他人的,必须依靠我们这些专家,因为我们做得更专业,会帮你们取得更多的投资回报,于是在咨询这些专家的过程中,家庭成员们又支付了第二笔费用,这样他们从股市增长中得到的分红就变得更少了。"

我们很容易就能看出,巴菲特所说的第一批热心人是指证券公司,第二批热心人就是各种各样的基金和理财机构。可以说正是由于这些人的存在,才让投资者丧失了很多原本应得的利润。那么面对眼花缭乱、花言巧语的券商、投资机构,投资者应该怎么做呢?要怎样才能不被他们所误导呢?这就是今天绝大多数投资者的困惑了。对此巴菲特说:"如果投资者只是老老实实地躺在那里休息的话,所有上市公司的收益都会按比例装进他们的腰包,这个问题不就迎刃而解了吗?"是啊,我们无法控制别人的存在,但我们可以控制自己的交易行为。

对于投资者来说,市场上交易的次数越少,交易佣金等交易成本发生的几率就会越少。而那些短期投资者因为频繁地买进卖出,交易佣金等交易成本累积起来将在投资总额中占较大的比重,那么相应的,他们的投资收益也就会越来越少,甚至出现投资收益还抵不上交易成本的情况。

"股神"巴菲特每只股票的持有年限平均为8年以上,就是最短的一只也要3年(中石油H股)。为何如此呢?因为巴菲特心里有一笔非常清楚的账目,如果某只股票持股8年,买进卖出手续费是1.5%。在这8年中,每个月换股一次,支出1.5%的费用,1年12个月的支出费用则为18%,8年不算复利,静态支出也会达到144%。但如果不换手呢?那手续费就只有买入和卖出的3%,这期间的巨大差额巴菲特是肯定不会支付的。再反观周围的投资者们,他们完全选择了一条和巴菲特相反的道路,不停地追涨杀跌、买进卖出,到头来却只是为券商贡献了手续费,别人赚得盆满钵满的时候自己却落得个竹篮打水一场空。

巴菲特曾说过："实际上,由于很多交易成本的存在,股东获得的收益肯定要少于公司的收益。我个人的看法是:这些成本如今正越来越高,从而导致股东们未来的收益水平要远远低于他们的历史收益水平。"巴菲特曾对自己的股东说过,在1899年到1999年这100年间,道·琼斯工业指数从66点上涨到了11497点,整整翻了173倍,这简直就是一个天文数字,但其实真正的原因就在我们的生活中,那就是20世纪美国经济的发展。因为,投资者只要凭借着美国经济繁荣的东风,随便买入几只股票躺在那里不动,就可以为子孙积累下亿万财富。但绝大多数投资者都没能得到这样大的投资回报,这不能怪别人,只能怪自己。

因此作为一个聪明的投资者,如果想要通过尽量避免交易费用来确保自己分享到股市增值所带来的蛋糕的话,是选择长期投资还是选择频繁换手炒短线,大家心里都应该有数了吧!

第五节

不要单纯因为价格而卖掉好股票

巴菲特曾经说过,对于可口可乐的股票,他是要带进棺材里面的,无论它涨到多少钱都不卖。对于巴菲特的这一番话我们不禁产生疑问,作为一名投资者,将钱放到股市上不就是为了低买高卖从中赚取差价吗?那如果买入一只股票却不卖出,那投资者还赚什么钱呢?

其实了解巴菲特的人都明白,上述的说法只是巴菲特在表示一种他对长期价值投资的决心。多年来,他一直坚持"价值"投资策略,即忽视市场的短期波动,分析企业的内在价值,在一个比较低的价格买入那些在他认为内在价值非常高的企业,然后长期持有。巴菲特曾说过,投资者买入股票的价格必须合理,买入价格过高是老天爷也不同意的事。在此基础上还要考虑到卖出价格,不要单纯因为价格较高就卖掉你手中的好股票,因为这时候的价格与内在价值相比很可能仍然是偏低的,可口可乐公司就是这样的一家公司。

巴菲特说过,对于可口可乐这样的股票来说,你什么时候卖出都是错误的,因为它的价格永远是低于它的价值的。对此,巴菲特还引用了1938年《财富》杂志的某篇报道中的一句话:"实在是很难再找到像可口可乐这样规模而且又能持续10年保持不变的产品项目了。"在巴菲特看来,虽然这50多个年头中很多人出生又死去,很多行业出现又消退,甚至很多国家成立又解体,但是可口可乐的内在价值却是一点也没有变,不仅如此,可口可乐的产品线还变得更加广泛了。因此他才会说出无论如何也不会卖掉可口可乐的话。

巴菲特第一次购入可口可乐公司的股票是在1988年,当时他的投资额是5.93亿美元;但到了1989年他决定大幅增持该股,于是将总投资额追加至10.24亿美元;1994年他继续增持,总投资额最终达到13亿美元,并一直保持到了今天。1997年底,巴菲特持有的可口可乐股票市值上涨到了133亿美元,10年赚了10倍,也就是说,仅仅这一只股票就为巴菲特赚了至少100亿美元,可口可乐成为了巴菲特传奇投资生涯中最成功的案例之一。

在1992年伯克希尔公司年报中巴菲特曾说:"1919年时,可口可乐公司的股票每股价格就已经达到了40美元,这在当时来讲已经可以称之为天文数字了。但是在1938年可口可乐问世50年,并且早已成为美利坚民族的象征之后,美国《财富》杂志在对该公司做了一次详尽的采访后,仍然在文章中写道:'每年都有许多投资大亨看好可口可乐公司,并且对它过去的辉煌业绩表示敬佩,然后就得出自己发现得太晚了的结论,认为该公司的发展已到顶峰,未来的道路上充满竞争和挑战,因此不敢继续投资该股票。'"

"也许确实是这样,但我们不要说1938年的可口可乐公司充满了竞争和挑战,就是到现在又何尝不是呢? 在一个市场高度发达的国度,竞争肯定会越来越激烈,但是这又能代表什么呢? 要知道,1938年可口可乐公司的年销售量为2亿箱,而1992年的销售量是107亿箱。换句话说,当时就已经成为美国市场领导者的这家公司,在接下来的50多年里又继续成长了50多倍。

"这就向我们表明,即使是在整个市场都认为可口可乐已经发展到了顶峰的1938年,我们购买该公司的股票也依然可行,游戏根本就没有结束,好戏还在后头呢! 投资者如果在1919年购买40美元的可口可乐股票,然后把每年所得到的分红进行再投资,到1938年时一共可以获得

3277美元。可是，投资者如果在1938年购买40美元的可口可乐股票，到1993年时将可获得25000美元。"

看了上面这段话，我们应该明白为什么巴菲特不会卖出可口可乐公司的股票了。既然1938年时已经"虚高"的可口可乐还有这么好的令人意想不到的表现，那么2011年它就没有这种后劲了吗？这就是巴菲特的想法：一只好股票，无论它价格多高，都还有增长的空间，因此卖出去我们就是在"赔钱"！

如果你是一位长久以来都非常关注巴菲特和伯克希尔公司的人，那么一定会为巴菲特和该公司的"慵懒"感到震惊。巴菲特的投资就像树獭一样，经常是几年甚至更长的时间一动不动，让人不晓得他们在做什么。在1992年度伯克希尔公司的年报中巴菲特坦然言道："1992年伯克希尔公司的股票投资项目与上一年相比几乎没什么变动，也许有人会说，伯克希尔公司的管理层怎么昏庸到这个地步，一年内'几乎什么事情也没做'。我对此的解释是，现在的这些股票都非常好，业绩表现也非常优异，我们对这些股票又非常了解，为什么要卖掉它们呢？卖掉了这些股票，又到哪里去寻找比它们更好的投资项目呢？"

巴菲特说过，有件事情非常有趣，那就是一个聪明的公司管理者明白，无论在什么情况下，自己的主业是绝对不能够轻易放弃的；一个企业集团的母公司也明白，无论对方的出价有多高、条件有多优越，都不能将旗下最优秀的子公司卖给别人；就连一名聪明的农妇也知道，无论如何也不能将自己生蛋的母鸡拿到市场上去。因为几乎所有人都知道，这些是他们赖以生存的"吃饭家伙"，只要自己还想继续在所在的领域生活下去，那这些就都是丢不得的。但是如果把这些情形换到我们的投资市场上，情况就会发生变化。最聪明的投资者都有过毫不犹豫地把自己手中最好的股票卖掉，然后买入另一只股票的经历，他们卖掉好股票的理由有时只是因为投资经纪人的一句话：你把它卖掉，到时候股价跌下去了还可以重新买回来!

但是在巴菲特看来,投资领域和他所说的集团母公司对待子公司其实是一样的,因为我们所持有的这些股票所展现的特性,实际上与一家公司老板持有该公司全部股权是一样的道理。如果这家公司真的是一家非常好的公司,没有理由在你想卖出高价时就可以卖出,在你想买入的时候它就会降到一个足够低的价格。因为很多成熟的投资者都已经学会判断公司的内在价值了,在一个自己动心的价格把好股票卖出去,最有可能发生的就是再也无法把它买回来。

其实,巴菲特的意思说得已经再明了不过了:对于一只值得长期持有的优质股票来说,我们是不能够单纯因为其价格上涨到一定程度就将其卖出去的。我们分析它的交易价格高低时,应该考虑与其内在价值。从技术上讲,就是用未来的现金流量折现和今天的价格进行对比,这样才能看出这个价格在整个价值链中的地位。如果我们发现该股票的内在价值一直都没有被充分体现出来,那么最好的做法就是长期持有它。

不只是对于自己购入的股票,就是对于自己的公司,巴菲特也是这种看法。在1988年度伯克希尔公司的年报中,巴菲特向他的合伙人们阐述了自己的观点,因为当年的11月,伯克希尔公司的股票已正式在纽约证券交易所公开上市。对此他说:"我对伯克希尔公司的期望与其他上市公司有两点不同:一是我不希望我们的股价被过分抬高,只要它能够反映出伯克希尔公司的内在价值就很好了,如果每个投资者都能够在其内在价值的范围内进行交易,那就再理想不过了,因为无论股价是过高还是过低,都会使得公司股东的获利和公司的经营状况不符;二是希望公司股票在市场上的交易量越小越好,我希望能吸引到一批稳定的投资者作为公司的长期股东。"

巴菲特说自己实在无法理解,为什么有那么多上市公司希望自己的股票交易量越大越好,这实在是有悖常理的。要知道,没有哪个商场、俱乐部等社会机构希望自己的投资人频繁进出自己的管理范围。

品味巴菲特的这番话，我们看到成功似乎真的是理所应当的。在一个企业所有者普遍希望通过股市圈钱、一旦公司上市就大捞特捞的年代里，像巴菲特这种不但为公司也为投资者着想的经营者如果不成功，那才是没有天理呢！从谈话中可以看出，巴菲特强调的是物有所值，我给你应该给的，你付出你应该支付的，他不希望股票价格过高或过低。股价过低，无法确切反映伯克希尔公司的内在价值，这是对他劳动的一种否定；而股价过高，则容易引诱投资者卖出该股票，这样就和他希望为投资者创造长期、稳定的投资收益的目的不符了。

由此，在买入一只股票的时候需要谨慎再谨慎，在卖出它的时候，也同样如此。我们在看到手中的股票暴涨，希望把股票脱手将收益变现时，一定要先考虑这个价格是否已大大超过了其内在价值，不要单纯为了高价格而卖掉别人想买都买不到的好股票。

第六节

长期持有不等于永不出手

　　我们一生中也许会遇到很多人，但最后能够成为朋友的却寥寥无几；我们一生中也许有过很多的异性朋友，但最后陪伴我们一生的只有一个；同样的，在投资市场中，我们也许曾购入过很多股票，但最后拿在手里或者持有十几年几十年的也只有那么极少数的几只。巴菲特的理念是，对于好的股票是不能因为它的价格而轻易出手的，但投资毕竟是为了获利，不套现哪有利润到手呢？因此我们还必须说长期投资并非永不出手。

　　现在许多的投资者都喜欢研究巴菲特，更多的是出于对他所取得的巨额财富的向往。但正因为如此，很多人对于巴菲特的学习也主要是停留在方式、方法上面，而学习不到巴菲特真正的投资精髓。就像每个人都知道巴菲特选择一家好公司的种种原则，但却做不到像巴菲特一样选择。这是为何呢？首先，我们自身的条件和巴菲特有着相当大的差距；其次，学习巴菲特更多的应该是学习他的精髓，挖掘他做决策背后的行动原则。

　　就拿长期持有与何时出手这件事来说，巴菲特曾说过这样的话："对于那些质量非常好的股票，我会选择长期持有，甚至如果这只股票心动到让我觉得无法再找到同样的股票时，我会选择永远持有它！"我们明白，这句话是告诫投资者要坚持长期价值投资，抓到一只好的股票就尽量不要出手。但作为普通投资者的我们，照着巴菲特的原话去学那可就大错特错了。

首先,对于巴菲特这样一个拥有令人瞩目的名声和巨大金融帝国的人而言,现金对于他来说是永远都不会缺少的。这也就是说,巴菲特确实可以做到永远持有那些有投资价值的公司的股票,并且还不会妨碍在市场低迷的时候再大举买进新看中的股票。而这对于我们来说,就有点强人所难了。在股市上很多投资者的真实情况是,买入一只股票之前必须先将手中的另一只股票套现,否则就会因为没有资金而导致交易失败。

其次,巴菲特也并非完全不卖股票。试问像巴菲特这样的股神选择的股票哪一只不是一等一的优质股呢?但他不也是会选择在一个高端的价格将他们纷纷抛出吗?甚至连巴菲特自己也承认,曾经卖出过几只自己事后认为判断失误的股票,而不是像大多数投资者那样,因为大市不好而卖出那些具有极高投资价值的股票。

有媒体曾经按照持有期限,将巴菲特所购买过的股票分为三个类型。第一种是其决定一生持有的股票,这类股票非常少,在公共场合巴菲特曾对四只股票发表过终生持有的声明,它们是可口可乐、吉列公司、所罗门公司和美国航空公司;第二种是长期持有的股票即持有年限在10年以上的股票,其中包括《华盛顿邮报》、美国政府雇员保险等;第三种是中长期持有的股票,一般是在一个股市波动周期内操作的,中石油H股就是如此,在中国股市低迷的时候买入,到中国进入牛市的时候卖出。

但无论是长期持有还是中期操作,巴菲特对这些股票都做到了心里有数,没有一定的把握他是不会做的。比如中石油H股就是一个很好的例子,从2003年4月初开始,巴菲特通过伯克希尔公司不断增持中石油H股,到当年的4月24日,巴菲特共持有中石油23.38亿股,占中石油全部发行的H股总股本的13.35%,总投资额达到4.88亿美元。

对于中石油H股,巴菲特看中的是其异常丰厚的红利支付,相对于当时异常低迷的亚洲股市而言,中石油H股的股利收益率就显得非常高了。

在2004年度伯克希尔年报中,巴菲特在回答伯克希尔股东关于对中石油内在价值分析的问题时曾经说过:"几年前,我在读了这家公司的年报之后就决定买进了,这是我们持有的第一只中国股票,也是到目前为止最新一只。这家公司的石油产量占全球的3%,这是很大的数量。中石油的市值相当于艾克森美孚的80%。去年中石油的盈利为120亿美元,去年在《财富》500强公司的排行榜上只有5家公司获得了这么多利润。当我们买这个公司的股票时,它的市值为350亿美元,所以我们是以相当于去年盈利的3倍的价钱买入的。中石油没有使用那些财务杠杆,它派发盈利的45%作为股息,而基于我们的购买成本,我们获得了15%的现金股息收益率。"

由此可见, 巴菲特购买中石油H股主要是因为该公司稳定的现金股息收益率, 能够稳定地获得15%的投资收益率。但是这样一只下蛋的母鸡,在仅仅持有了四年之后,巴菲特就将其卖出了。留着15%的投资收益不是更好吗? 为何要一反长期持有的投资原则而将其清仓呢?

原来,到了2007年下半年,中国股市开始持续回暖,大盘不断上扬,中石油H股的市面价值也连创新高,最高涨到2750亿美元,此时巴菲特认为危机到来了。在他看来,中石油H股的价格已经涨到了一个不可控制的程度,他已经无法准确掌握市场的动向,因此果断选择退出。2007年10月,当巴菲特再次来到中国并接受中央电视台采访时说:"根据石油的价格,中石油的收入在很大程度上依赖于未来10年石油的价格,我对此并不消极, 但现在石油的价格和中石油的股价似乎已经不能联系在一起了,因此我已经无法判断中石油未来的盈利情况了。"

由此可见,其实巴菲特对于持股的看法也是一个不断观察、了解公司的过程,他先谨慎地选择在他看来有价值的股票大量购入,然后再在持有中慢慢做决定。有些当时只决定暂时持有的股票,在发生了某些变化之后,巴菲特也会将其归入长期持有的一类;而对于那些原本打算长期持有的股票,如果巴菲特发现它们在某些理念上和自己的思维发生了冲突,他也会毫不犹豫地减持或者清仓。

1984年,巴菲特在开始购入美国大都会广播公司的股票时对该公司非常看好,1985年、1986年两年连续大笔增持,并且公开声明说要永久持有该股,死也不卖。但在他持有了10年之后,1996年迪斯尼公司开展对大都会广播公司的收购,巴菲特观察了相当长的一段时间,最后还是决定将其抛出,全部清仓给了迪斯尼;而在1989年巴菲特决定购入可口可乐公司的股票时,他并没有表现出多么强烈的长期持有的想法,但随着购入后对可口可乐公司的认识越来越深刻,他开始对可口可乐公司产生了持续的永久的信心,因此决定"死也不会把这只股票卖了"。

无论市场上的价格如何波动,一家公司的股票价格最终还是要体现这家公司真正的投资价值,一家公司的真正价值并不会因为市场的变化而有所改变。因此,在我们投资的股票出现大幅波动、尤其是在股价出现大幅抬升的时候,才是我们真正开始面对股市难题的时候。面对这样的情况,很多投资者都会束手无策,有的人知足常乐懂得见好就收,卖出了股票,但随后却发现该股票是一只绩优股,于是后悔不已;而有的投资者则坚信自己拿在手里的是一只好股票,无论价格如何也不将其卖出,最后错失了变现的最好良机。其实,要解决这种困扰是有办法的,那就是巴菲特总结的关于是否卖出股票的判断条件:

首先,我们投资的这家公司的基础业务是否发生了不可逆转的变化。现在的公司大多倾向于多种经营,但无论其经营业务有多少种,其主营的业务也就仅有那么一项,就比如房地产之于万科、电器之于海尔。因此,一家公司的基础业务如果发生了不可逆转的变化,它给公司带来的影响几乎可以说是决定性的。公司的基础业务发生变化有很多方面的因素,可能是因为宏观经济发生改变引起的,也可能是由于管理层的决策失误,还可能是整体行业的改变造成的。如果是由于整个经济下滑带来的暂时性风险,那我们就要多多关注这家公司是否有能力渡过这个难关；而如果是管理层的问题，我们就要多多关注该公司的管理层是否会发生变化，他们是否还有能力重整公司；而如果是整个行业发生了不可逆转的变化，就比如纺织业逐渐被取代，或者影碟机已经接近被淘汰，那该公司如果没有创造新的生存空间的能力，我们最好的选择就是及早脱身。

其次，我们要看这家公司的股票价格是被低估还是被高估。巴菲特所说的那四只永不出手的股票多是内在价值非常大，从长远角度看永远被市场低估的股票。就拿可口可乐公司为例，从一定的时间来看，该公司可能会出现股价的波动；但从长远的角度来看，该公司自从成立到今天几乎一直都在盈利，股价一直都在上升。如果我们手中握有的是这样的股票，那么无论什么价格卖出都是不明智的；但如果我们手里的股票是一只普通的绩优股，而当市场的繁荣使它上升到了一个可能十几二十年都无法到达的高度时，我们就应该选择果断地抛出，因为这时候套现的所得是可以让我们在其股价回落到真实价值时购入更多该股的。

最后，我们要看是否出现了更值得投资的公司。普通投资者的可调用资金是有限的，因此在交易中涉及到换股的问题是在所难免的。在我们确实认为新的目标股票可以有高出原有股票的成长性的时候，是可以果断进行换股的，但换股的前提是我们对新股票有充分的了解和十足的把握。因为，在没有十分把握的情况下，只为了追逐更高的利润而选择换股，实在是一种非常冲动的举动，换对了可能带来丰厚的收益，换错了却可能带来无法承受的损失，所以换股必须谨慎。

在仔细问过自己这三个问题之后，我们就应该对股票操作，尤其是在它上涨的时候的买卖行为更有信心了。一个聪明的投资者是会时刻记得伟大的先行者留下的宝贵经验，但又不会忘记自己进入股市的目的的。

第七节

挖掘值得长期投资的不动股

普通的投资者为何钟情于短期投资？一方面是因为短期投资所渲染出来的快速致富的气氛——当然这已经被我们证明了它只是气氛而已；另一方面则是对于大多数投资者来，长期投资是一件非常困难的事，因为见效慢，所需要的周期长，在一段时间内我们是无法检验自己的投资正确与否的。如果结果令人满意，那固然可喜；可是如果结果并不如人所愿，那么不仅浪费了时间，也间接损失了很多收益的机会。毕竟不是每一个人都有巴菲特那样雄厚的财力，可以允许一笔笔的资金搁置在市场上的。

由此可见，长期投资似乎是一项对普通投资者来说心向往之而身不能至的事情，其实不然。巴菲特就认为，无论是对于拥有雄厚资金的金融机构来说，还是对于一个普通的投资者而言，长期投资都是一项极其可行的策略，因为"长期投资的一切秘诀就在于，在适当的时机挑选好的股票之后，只要它们的情况良好就一直持有"。

2001年7月，在西雅图俱乐部的演讲中巴菲特就说："我从不认为长期投资非常困难……你持有一只股票，而且从不卖出，这就是长期投资。我和查理都希望长期持有我们的股票。事实上，我们希望与我们持有的股票白头偕老。我们喜欢购买企业，不喜欢出售，我们希望与企业终生相伴。"通过巴菲特的话可以看出，似乎长期投资只是一个心态和习惯的问题，做到长期投资并没有多难，关键的问题是如何寻找到值得长期投资的股票。

在选择所要投资的企业时，巴菲特的做法是我们应该深入了解的。他在选择股票之前，会预先做足功课，了解这家股票公司的产品、财务状况、未来的成长性，乃至于潜在的竞争对手。他总是通过了解企业的基本状况来挖掘值得投资的"不动股"。

巴菲特承认，在自己的投资生涯中曾经有过用超出其实质价值的市场价格买入股票的情形，为何坚持价值投资的他会有如此举动呢？原因就在于他认为那是一个杰出的企业，只要有充足的时间，该股就能创造出奇迹，这超出其价值的一点投入对于时间来说根本不算什么。

有人可能会说：股市的风险这么大，如果每个人都长期捂着几只股票不动，岂不就等于是买古董一样地押宝了吗？的确，选择长线投资就意味着要有长时间的耐性，因此找到一只值得投资的股票就成了我们投资成绩好坏的关键。所以，对于长期投资者来说，任务就是做好自己的日常功课，在市场上无数的企业中寻找到那些真正优秀的值得投资的企业。那么，如何能够挖掘到值得投资的不动股呢？对此总结出以下两点：

首先，选择那种行业垄断型企业。这类企业因为其垄断优势，甚至能够做到影响市场，它们很可能会因为企业规模过大而发展缓慢，但持续性非常好，非常适合长期投资。吉列公司是巴菲特宣称绝对不会卖掉的股票之一，从1989年他就开始入股吉列，当时拿出6亿美元买下了近9900万股的吉列股票，并且协助吉列成功地抵挡住投机者的恶意收购攻势。在随后的16年中，巴菲特抱牢吉列股票，即使20世纪90年代末期吉列股价大跌引发其他大股东抛售股票时也不为所动。而巴菲特的执著也得到了回报：吉列股价因被宝洁购并而于2005年1月28日每股从5.75美元猛涨至51.60美元。这一涨，让伯克希尔的吉列持股总市值冲破了51亿美元大关。

其次，选择那些不可复制和模仿的企业。曾经有人开玩笑说，世界上有两种东西是人们永远都不可能知道的,一个是英国女王的财富,另一个就是可口可乐的配方。由此可知,可口可乐是世界上最难模仿的企业,无论什么时候,只要有人口渴,就会有可口可乐公司的存在。因此,对可口可乐的投资无论什么时候都不会错。换句话说,无论何时,把手中的可口可乐股票卖掉都是非常愚蠢的。

巴菲特曾说:"1988年,我们大笔买进联邦家庭贷款抵押公司与可口可乐公司,我们准备长期持有。事实上,当我们持有杰出经理人管理的优秀企业的股票时,我们最喜欢的持有期限是永远。许多投资人在公司表现良好时急着想要卖出股票以兑现盈利,却紧紧抱着那些业绩令人失望的公司股票不放手,而我们的做法与他们恰恰相反。彼得·林奇曾恰如其分地形容这种行为是'铲除鲜花却浇灌野草'。"

第八节

避免错误的长线投资

我们都知道巴菲特是长期投资理念的拥趸，但有一个问题必须认清，那就是巴菲特积累下今天的财富靠的是投资，而不仅仅是长期持股。巴菲特热衷于长期投资，但前提是他所要长期持有的股票必须符合他的价值标准，对于那些没有价值的股票，巴菲特可是连看都不会看的。

巴菲特在投资上是出了名的谨慎，他根本就不会考虑市场上被热炒的以大的风险换取大的收益的博杀投资，只有在确认风险非常小的前提下才会选择出手。他认为，如果一项投资的风险过大，那无论它承诺给我们多么诱人的回报率都是没有用的，因为一旦风险发生，所有的收益预测将瞬间灰飞烟灭。他曾在一次伯克希尔的年会上对自己的支持者明确地说："我不会拿你们所拥有和所需要的资金，冒险去追求你们所没有的和不需要的金钱。"

谨慎的投资和长期的持有是巴菲特能够有所斩获的利刃，他鼓励投资者在买入心仪的股票后长期持有，但这并非是他全部的建议。如果我们回顾巴菲特的一些报告或者讲演，就会发现在这句话之后，巴菲特还提出了关于这句话的进一步解释：第一，要确定自己投资的股票背后必须是真正优质的公司。全世界各地的基金经理随时都持有近百种甚至是上千种股票，但是我们要问，在股市里，难道真的有那么多家优秀公司存在吗？这种广撒网式的投资法，绝对不是成功投资家的投资法则，也不可能成为长线投资的前提；第二，只有在这些优质的公司继续保持其良好的经营状态时,投资者才有持续持有它们的理由。如果一家公司出现了不可逆转的变动,那么投资者就必须认真考虑它是否还拥有继续持有的价值了。巴菲特的这种说法表明了他的真实态度,不应毫无原则地坚持,市场是不断变化的,因此投资者也要不断地以变化的眼光观察市场。

长线投资的理念在大方面是正确的,但如果深究起来其中也是有很多的误区的。我们用不断变化的眼光去看待它,可以帮助我们尽量避开其中的陷阱,减小因为执著于长线投资而可能造成的损失。

首先,投资者要明白,长期投资并不一定就能跑赢大盘。

长线理念为更多的人接受是一件好事,但这越来越多的长线投资者中有很多人与当初追逐短线投机、小道消息的是同一批人,也就是说这些人并不是真地了解长期投资的理念,仅仅是因为听说长期投资可以赚钱而盲目地跟风而来。对于这些人,我们就必须告诉他们,长期投资未必一定能赢过大盘收益。

为什么会如此呢?因为我们长线投资的只是几只股票,个股的涨跌是由其背后公司的经营状况决定的,而大盘反映的是一个市场的整体发展水平。在上世纪四五十年代,美国和巴菲特一样搞长线投资的人不少,但最终跑过美股大盘的人却比例不高,这可能是因为他们选择的股票不对,也可能是因为他们持股的时间段有问题。总之,长线投资输给大盘的情况是非常常见的,因此投资者切不可以为只要是长期持有就一定会取得优于别人的成绩,从而盲目选股、盲目买进。

其次,投资者要知道,套牢即守并不是长期投资。

有些投资者没有明白这一点,只表面化地记住了要长期持股,因而我们看到很多人在高位买进而被套牢后,索性就学起了巴菲特,还得意地称自己要做一个"长期投资者",这种做法也是严重的错误。1999年年初,《远东经济评论》曾发表过一篇调查报告道说:在亚洲的九个主要股市里，有八个国家的基金在过去五年里普遍业绩低迷，很多基金非但没有赚钱，反而还把投资人的母金亏损掉不少。这是为何呢？就是因为当时弥漫于整个市场上的长线投资氛围。

巴菲特曾经做过这样的一个运算：如果我们投资亏掉了20%，那我们必须要从这笔投资上赚回至少20%才能刚好回本，当然这里还没有计算时间成本和机会成本；而如果我们亏掉了50%，加上交易费用和机会成本，我们就必须赚回100%才能回本，但在短时间内从跌掉一半的股票身上赚回一倍的利润，这几乎是一件不可想象的事。

因此，投资者必须明白套牢即守和长线投资根本是两个概念，两者之间有着明显的区别。第一，在买入股票的价格和买入股票的理念上，长线投资和套牢即守有着根本的区别：投资者之所以被套牢，主要是因为他们买入股票时更多的是采取追高建仓的方法，买入的股价比较高，投机心理严重；而长线投资者买入股票的价格一般都很低，因为他们是价值投资者，不会有那种高卖更高买的投机心理。第二，套牢即守和长期投资者在市场上的处境也是不同的：从普遍的角度来看，投资者被套牢更倾向一个"被"字，也就是说他们是被动的，一旦被套牢，除了割肉解套之外几乎别无他法；而长期投资者则不然，因为他们对股票做了详细的了解，面对的是股票的长期收益，因此短期的波动是他们可以承受或者根本就不会在意的。

被套牢和主动长期持有是投资人不可忽略的两个问题，不能将二者混为一谈。盲目选股然后被套牢还以长期投资为由继续守着，则是更愚蠢的做法。并不是什么股票都适合长期持有，就算最好的股票，如果买入的价格过高也不适合长期持有，万一买入的价格就是它的历史最高价位呢？那岂不是持有的时间越长，越是看不到出头之日了？

最后，长期投资并不意味着就不换手。

对于普通投资者，特别是有过炒短线行为的投资者来说，换手这一名词并不陌生,它是指在一定时期内,投资者将手中的股票卖掉,然后买入其他股票的次数,卖出一只买入另一只为一次换手,换手次数越多说明该投资者的行动越活跃、交易越频繁。

我们知道,长期投资者是尽量避免频繁交易的,因此换手率远远低于市场平均水平。但是这并不意味着长期投资者就一定排斥换手,几年才挪一次窝。在某种特定的情况下,该换手的时候也要果断。

因为股市波动的无常,股市中经常会出现一种比价关系错位的现象,就是指某些被市场严重高估和低估的股票突然间变得明显了,相互之间像分开队列一样,瞬间出现反向运动。这时长期投资者就需要警惕了,如果发现自己手中的股票正在大步迈向严重高估的队伍,而一些自己同样心仪的股票正迅速向低谷的队伍中掉落时,投资者就不要太过"痴情"了,卖出被高估的股票,买入被低估的股票在此时就是最明智的做法。巴菲特所投资的美国政府雇员保险不就是换手换来的吗?

通过上述三点,投资者应该多少了解到了一些关于长期投资要极力避免的事项。其实有慑于"股神"的威名,很多投资者会习惯性地认为,凡是巴菲特长期持有的股票就是值得投资的股票,于是对诸如可口可乐、吉列公司或者中石油H股、比亚迪这样的股票趋之若鹜。其实并非如此,我们没有看到的一点是,巴菲特长期持有这些股票还有其另一层次的考虑。

美国对投资收益是要征收很高的所得税的,而伯克希尔作为企业法人是市场上最成功的投资公司,它所要缴纳的企业税是非常高的,相当于个人投资者所得税率的两倍还要多。因此凡是伯克希尔公司所持的股票,无论巴菲特在多高的价格上卖出,他都要缴纳大笔的企业所得税,这些所得税甚至都可以抵消掉他大部分的投资收益。而只要他不卖,伯克希尔就可以避免缴纳高额的税金,这对于他和他的合伙人来说都是降低"损失"、保持业绩的好办法。

　　换句话说，与普通投资者相比，如果巴菲特没有在一个高价位卖出股票的话，他放弃的仅仅是65%的差价利润，而个人投资者则是放弃了85%的差价利润。因此在实际上，巴菲特持有某只股票并不意味着他就一定认为该公司会创造出比现在更优越的成绩，或者他只是想避免让巨额税金抵消掉他已取得的财富；而如果巴菲特卖出了哪只股票，就表明他已经对这个公司的前景看淡了，"不得不"出手。

　　但巴菲特不到最后时刻是不会公开抛售他持有的某只股票的，因此，普通的投资者要想搞清楚他的投资轨迹其实并不是件容易的事。由此看来，与其模仿巴菲特的投资风格，还不如学习他的思维方法；紧跟巴菲特不如让自己成为另一个巴菲特！